アンドロイドはマンションの夢を見るか?

毎日新聞出版

石黒浩
長谷工未来の住まいミーティング
熊野聡+堀井規男+大西広望

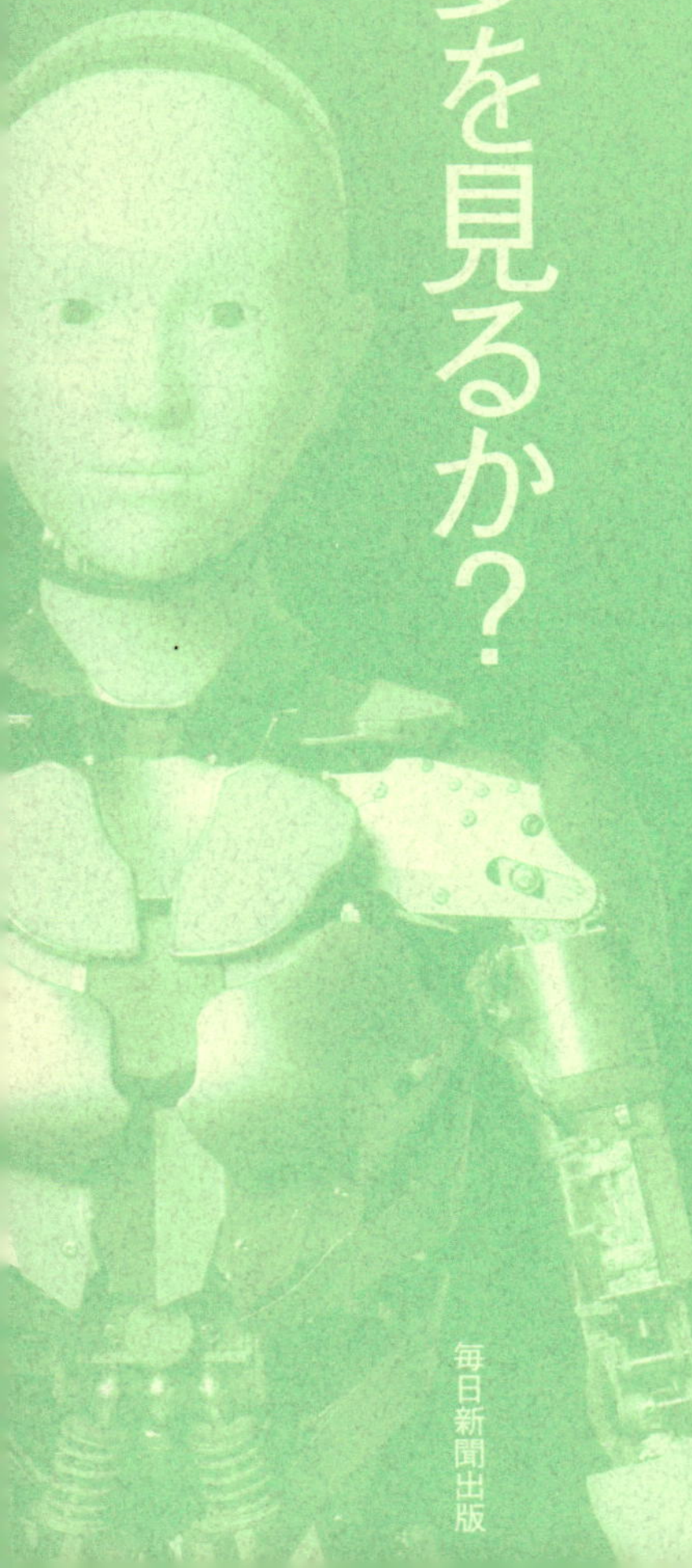

アンドロイドはマンションの夢を見るか？

はじめに

この本は、未来の住宅について考える本である。

ロボット学者がなぜ「住宅」に興味を持つのか、意外に思われるかもしれない。

私にとっては、人間に酷似したアンドロイドも、人間を包み込む住宅も、きわめて近い関係にある。つまるところ、私の興味は「人間とは何か」という答えのない問いにある。

本書は、株式会社長谷工コーポレーション（以下「長谷工」と呼ぶ）の熊野聡氏、堀井規男氏、大西広望氏と共に、3年にわたって行ってきた議論から生まれたものだ。

長谷工は、大阪・関西万博のシグネチャーパビリオンの一つであり、大阪・関西万博のテーマ事業プロデューサーである石黒が企画・建築に取り組む「いのちの未来」パビリオンの協賛企業である。

石黒のパビリオンでは、「共創ミーティング」という会議を、協賛企業の若手メンバーと共に開催している。長谷工からも延べ6名の若手の男女社員が参加し、それぞれの事業分野において、50年先の未来をどのように設計し、どう実現していけばいいかを議論してきた。

同時に私は、もう一つ議論の場を設けた。それが「未来の住まいミーティング」であり、長谷工の役員・幹部3名と、50年より手前の、10年から30年くらい先の、集合住宅の未来を描き出すことを目的にしていた。

本書はそのミーティングの内容の全てをまとめたものだ。

石黒のパビリオンが50年後の未来に焦点を当てているのは、万博そのものが50年後の未来にレガシー（遺産）を残すものになるべきだという、自身の信念に基づいている。

１９７０年の大阪万博では、携帯電話の原型となる巨大な無線電話や、様々なロボットが展示された。アポロ12号が持ち帰った月の石が展示され、最先端のロケット技術に多くの人が夢を馳せた。私も7歳の時に訪れて、その未来の様子に圧倒されたことを覚えている。

そして、多くの人がそこで見せられた未来を実現しようと努力を重ねてきた。未来への夢を与えられて、その夢は未来を創る原動力になってきた。私自身が、そういう日本人の一人なのである。

かつての大阪万博の頃は、世界中が科学技術で豊かになることを夢見ていた。そして、それから50年、私たちはひたすらに科学技術の可能性を追い求め、技術的に、飛躍的な進歩を遂げた。それは地球環境に大きな影響を及ぼすものになり、地球を何度も破壊することができる核の力を人類は手に入れた。人間そのものも遺伝子編集やｉＰＳ細胞技術を用いれば、自由に設計できる可能性が出てきた。

私たちの周囲から自然が姿を消し始めたのもこの時代からだったと思う。

しかし、これまでに培った技術をもとに、私たちは失いかけている自然を取り戻し、文化豊かな未来を自分たちで考え、創り上げていかなければならない。

住宅も同様である。主にＡＩやロボット研究に携わってきた私が、実際に人々が生活する集合住宅を作り続けてきた方々と、これだけ議論するのは希有なことだった。しかし、未来の集合住宅の在り方を考えるのも、ＡＩやロボットについて考えるのも同じである。特に住宅は我々の生活を支える基盤である。未来の集合住宅も、アンドロイドに用いられるロボットやＡＩの最先端の技術によって、大きく進化していくだろう。

アンドロイドはマンションの夢を見るか？

科学技術によって、これからのマンションは様々に進化していく。しかし、その夢は科学技術の進歩だけでないということを、多くの読者の方に、この本を通じて知ってもらえればと思う。

２０２５年３月　石黒浩

アンドロイドはマンションの夢を見るか?　目次

第2章

文化をつなぐ

未来の住まいミーティング（後編）

第6章

人工超自然

装丁：木庭貴信（オクターヴ）
画像：JST Moonshot R&D Avatar Symbiotic Society Project & RIKEN

プロローグ

ロボットと住宅

人の気持ちを考えなさい

幼少の頃、大人たちに言われた「人の気持ちを考えなさい」という言葉がずっと記憶に残っている。この言葉は非常に難しいことを言っているのである。

人が互いに尊重しあうのは当然にしても、「気持ち」というのがどんなものかは、はっきりしない。誰かにこれが「気持ち」だと、明確に説明してもらったことはないし、自分でもそれが一体どのようなものかは、ずっとわからずにいた。大人は「気持ちは大事」と言いながらも、その「気持ち」がどんなものであるかを説明してくれたことはなかった。

「考える」という言葉も同様である。「考える」というのは何をどうすることなのか、どうすれば考えたことになるのか、どうすれば考えられるのか、大人は何も教えることもなく、「考えなさい」と言うだけだった。

逆にそのことから、幼少の自分にとっては、大人は「気持ち」も「考える」も明確にわかっているんだ、すごい、大人になるというのは、そういうことがちゃんとわかるようになることなんだと、感動さえしたことを今でも覚えている。

それ以来、人間にとって大事な「気持ち」や「考える」を理解できる日を楽しみに、幼少期を過ごしてきた。しかし残念ながらその答えを知ることはなかった。中学、高校と進むにつれて、大人はそうした大事な問題を知ろうともしていないことに気がついてきた。大人は「気持ち」や「考える」ということが、具体的にどんなもので、どうすることなのかを知ることなく、知ったふりをしていたのである。

一方、私はそうした、人間にとって大事な問題を理解することを楽しみにしながら、大学で研究を続けてきた。それは人間を人間たらしめている本質的なものを知ることであり、「人間とは何か」を考えることである。

この「人間とは何か」を考えるために、偶然身につけた道具が、コンピュータであり、AIであり、ロボット工学であった。

私は幼少期から美術に興味を持っていた。人間の内面をキャンバスに表現する油絵や造形の世界に憧れて、高校や大学のクラブ活動はずっと美術部だった。ただ、美術で生きていくのはそう簡単ではなく、美術の道はあきらめ、大学で学んだコンピュータにのめり込むようになった。

大学の学部生や大学院修士課程の頃に所属していた研究室では、コンピュータやAI技術を駆使して、自動運転のシステムを開発していた。自身も1998年頃に、道路上の白線に沿って自律的に移動するシステムを開発していた。博士課程においては、さらにAIやロボットに興味を持つようになり、いつしか、ロボットを通して「人間とは何か」という問題を考えるようになっていた。

研究にのめり込んだことが功を奏して、人間にとって大事なことを考えなくなる大人にならずに済んだように思う。もっとも、普通に就職していたとしても、自分の性格からすれば、考え続けていたようにも思うが、いずれにしろ、ここに私の興味の原点がある。

人間を映す鏡

「人間とは何か」という問題を考えるにあたって、おもな方法は二つある。

一つは、人間そのものを解析的に研究する方法である。これは医学で主に用いられる。身体の様々な部位の機能を詳細に調べ、人間を理解しようとする方法である。しかし残念ながら、細かな部品からだけでは、なかなか人間の複雑な機能を理解することは難しい。自分が知りたい「気持ち」や「考える」というような高次の認知機能の理解には、そう簡単に到達できないのである。

もう一つの方法は、様々な技術を駆使して、人間と人間らしく関わることのできるロボットを開発し、そこに高次の認知機能を再現して、そのロボットをもとに、認知機能の「仕組み」を解明しようという試みである。

技術的に可能な限り人間らしい見かけを持ち、人間らしく振る舞うロボットを開発してみると、その関わりを通して、少なからぬ数の人がロボットの中に「気持ち」を感じたり、「考えている」ようだと思ったりする。そうなれば、この人間の高次の認知機能も持つかもしれないロボットを使って、その中身を調べながら、高次の認知機能を理解できる可能性が出てくるのである。

そうしたロボットを用いた人間理解の研究に、20年あまり取り組んできた。この研究は、「人間理解の構成的アプローチ」とも呼ばれる。

もう少しわかりやすく言うと、ロボットを人間の重要な性質を映し出す「鏡」として用いるという研究方法である。ロボットに人間の高次の認知機能を様々に再現して、そのロボットに関わる人間を含めた総体の中に、高次の認知機能の仕組みを探ろうというものである。

この方法は、特に人間と関わるロボットの研究開発においては重要なアプローチになる。

2000年頃に、私は欧米の研究者と共に、人と関わるロボットの国際会議を開催しその研究分野を立ち上げた（Human-Robot Interaction）。この研究活動以前においては、ロボット研究といえば、ほぼ自動運転の研究（Navigation）と、産業用ロボットの研究（Manipulation）だけであった。人と関わるロボットは、鉄腕アトムをはじめとして、アニメなどではなじみのある存在であったが、ロボット工学の研究対象として扱われるようになったのは、2000年頃の私たちの研究活動以降である。

ロボットに似た住環境

ロボットと住環境は一見異なるようで、じつは非常に似た性質を持っている。どちらも「人と関わる」という点である。どちらも人と関わりながら、人に様々な感情を与える。

ロボットの場合、ロボットが楽しそうに人と関われば、人にも楽しい感情が芽生えるだろう。住環境も同じである。何か楽しげな内装の住環境は、人を楽しい気分にさせる。また、ロボットが人に様々な情報を提供すれば、人はロボットを信頼し、ロボットがいることで安心感を持つ。住環境が人にとって安心感を与えるような構造や機能を持っていれば、人は安心感を持つ。このように考えれば、ロボットと住環境の違いは、個人として人間と関わるのがロボットであり、人間を包み込む環境として関わるのが住環境であるということだけであり、本質的には同じものである。

ロボットは人間を映し出す鏡であるとともに、住環境も、人間を映し出す鏡になり得るのである。その住宅に住むことで、安心感を持ったり、楽しさを感じたりするようなことがあると思う。そうした住宅の「仕組み」を調べれば、人間がどのように安心感を持ったり、楽しさを感じるのかという、人間の高次の認知機能を理解する手がかりがつかめる可能性があるのである。

住環境の研究開発

それゆえ、私は14～15年前から、住環境の研究開発も手がけてきた。人間に酷似したアンドロイド研究が世界的に有名になったため、私の住環境の研究はあまり一般に知られていないのであるが、住環境に関してもロボット研究と同様の長い研究経験を持っている。

はじめに取り組んだのが大和ハウス工業株式会社との共同研究である。研究室の中にマンションの部屋を作製して、照明や空調を全てコンピュータで再現できるようにした。また、天井や壁面を大画面のプラズマディスプレイで覆い尽くした、全ての光が制御可能な特殊な部屋も開発して、様々な心理実験に取り組んだ。

この大和ハウスとの共同研究で取り組んでいたのが、快適な部屋の設計原理の探索と、「快適指標」の考案であった。

部屋の中で生活する人間の活動に合わせて、部屋の照明や空気の流れ、温度、湿度をどのように制御すれば、人間が快適に感じるかを研究していた。また、その快適度合いを数値表現する研究にも取り組んでいた。

続いて取り組んだのが、ダイキン工業株式会社との共同研究である。

7、8年前から、温度や湿度だけでなく、光や音やロボットも用いて、人間に快適な環境を実現する研究開発に取り組んでいる。これらの研究成果は、様々な学術会議や論文誌で公表している。

集合住宅とロボット

集合住宅とロボットにはつながりがある。人間とロボットの関わりは、一対一だけでなく、近年では複数の人間と複数のロボットの関わり、すなわち、社会の中での人間とロボットの関わりが研究されるようになってきた。

住環境も同様に考えられる。人間は一つの住環境だけで活動しているわけではない。仕事や自宅や趣味を行う部屋など、様々な住環境を使い分けながら活動している。また、一つの住環境を複数人で共有することもある。

そのように考えれば、人間と複数のロボットの関わりと同様に、人間と複数の住環境との関わりを考えることができる。

複数の住環境が集まったものが、集合住宅である。集合住宅の各住宅は、隣との関係を考慮しながら設計されていたり、住人が互いに気持ちよく暮らせるような工夫が様々に施されている。

これまでのロボット研究も住宅研究も、個々のロボットや住宅と人の関わりに焦点を当ててきた。しかし、技術が進んだこれからは、複数のロボットや複数の住宅と人の関わりについても研究していく必要がある。

そうした、これまでのロボットや住環境の研究開発を背景に、私は集合住宅の未来の研究開発に非常に強い興味を持っているのである。

そして、近未来では、ロボットと住環境はつながっていく。

急速なAI技術の発展は、例えば、ロボットやCGのAIコンシェルジュを現実のものとしていくことは間違いない。そうなれば、集合住宅に、AIコンシェルジュは必要不可欠なものとなる可能性が高い。ロボット技術と住環境技術、集合住宅技術は密に結びついていくだろう。

本書は「未来の住まいミーティング」で重ねてきた議論をもとに、私がまとめた文章と、私と長谷工の3人それぞれの未来のイメージを提示する章で構成されている。また、各章の間には、どのような議論がなされてきたのか、対談の形式で収録している。臨場感を感じながら読んでいただければと思う。

第1章

未来の家

人間とは何か

人間にとって重要な問題を考える時に、意識しておかないといけないことは、「人間とは何か」という問いである。この問いはあらゆる問題の根本にあり、分野を超えて共有できるものである。

特に何か新しいことを考えようとする時には、現在の自分のビジネス分野や研究開発分野の垣根を越えて、他の分野から刺激を受けることが重要になる。そうした時に、この根本的な問いを考えていると、分野を超えて、様々な問題がつながりだし、他の分野からの知識を容易に受け入れることができるようになる。

故に、この基本的な問いを持つことは常に重要である。私はどんな研究においても、常にこの問いと向かい合ってきた。そのため、ロボット工学の分野に留まることなく、認知科学や社会学の分野に対しても興味を持つことができた。そして、それらを融合した新しい研究分野である、Human-Robot Interaction、すなわち、人と関わるロボットの研究分野を立ち上げることができた。

すでに述べたように、私にとっては、ロボットも住環境も同じである。どちらも人間と関わり、人間とは何かを教えてくれるものである。それ故に、この本を執筆しているのである。

「人間とは何か」という問いは、新しいことをしようとする者のものだけでなく、最も根源的な問いであると共に、人間の生きる目的にもなっていると考える。

1970年の大阪万博の頃は、皆が豊かになるために必死に生きていた時代だったと思う。その頃の多くの人にとっての生きる目的は豊かになること、より具体的には、家を持つこと、車を持つことだったのではないだろうか。それから50年が過ぎた今、若者たちの欲しがるものはずいぶんと変わってきた。家や車ではなく、人とのつながりを重要視している者が多いように見える。生活を支えるモノは十分に手に入るようになった現代では、モノよりも人とのつながりが大事になってきているのではないだろうか。

これは非常に重要なことだと思える。豊かになった人々が、より重要なものを探し始めているのである。人とのつながりを通して、「人間とは何か」という問いに向かっているように思う。

ホモ・サピエンスは他の動物と異なり、大きな脳をもって世界を知ろうとする。言葉によって世界を共有し、自身の存在さえも知ろうとしている。それ故に自我があり、人間にとって生きる意味とは、自我を持った自分自身を知ることではないだろうか。「人間とは何か」を考えることが人間の生きる本当の目的であるように思える。

こうした人間の根源的な生きる目的や性質を時折振り返りながら、人間にとって、「住むとはどういうことか」という問いに答えていきたい。そして、その答えを未来のマンションの提案という形で示すことができればと思う。

住むとはどういうことか

人間にとって、住むとは、家と関わることであり、その家を包括する「街」と関わることである。

家と関わるとは、自分を包み守る家を作り、その中で暮らしていくことなのだが、その家は、放っておけばいいものではなくて、人間が手入れをしなければ、すぐに住めなくなってしまう。こまめに掃除をしたり、風雨にさらされて壊れた部分が出てきたりしたら、修理しないといけない。人間が手をかけて、人間が関わらないと維持できないのが家である。

そうした家との関わりの中で、人間は家を自分の体の一部のように扱ったり、人によっては、一人の人間のように扱ったりする。家はその意味で生きていて、人間と関わりながら存在するものである。

家に住むというのは、家との関わりそのものである。家を生きているもののように扱いながら、家と対話する、それが家に住む意味であると思う。そのように住むことで、人間は家から多くのことを教えられたりもする。

家は、自分を映し出す鏡のようなものだ。家を見ればその住人がわかるとも言われるが、家とそこに住む人間は密接に結びついている。家は自分では気づかない自分までも、映し出し、時に、自分はどのような人間であるかを教えてくれる。

私自身も、家と対話しながらより深く自分を認識し、ひいては自分そのものを認識していく。そういう住み方ができればと思う。

住む上で、家と同様かそれ以上に重要なのが、街との関わりである。家との関わりは、住人と家との一対一の関わりであるが、街と住人の関わりは、多対一の関わりであり、その関係は家との関係よりも複雑になる。

しかし、その複雑さを乗り越えて、人間は街に住まなければならない。私たちは社会性動物であり、社会性があるが故に、これほどまでの進化を遂げることができた。複雑な社会である街に住んでこそ、その可能性を拡げることができるのである。

ただ、街は家とは異なり、時として自分の意のままにならないことがある。自分とは異なる自我を持った人間が、それぞれの価値観で生きているからだ。

しかし、そのような多様性を持つ街であるが故に、その街の中で生きることで、自分を進化発展させることができる。家は色々な自分に気づかせてくれるものであるかもしれない。しかし、全く自分が知らない自分にしてくれるものではない。一方で、街には、それまで自分が知らなかった様々な人間が住んでいる。そうした人間と関わることで、一人では気がつかない自分に出会ったり、自分自身を、他人を手本に進化させたりすることができるのである。

街に住むというのは、色々な価値観を持つ他者と暮らすということであり、それによって、自分を進化させることである。

そうした街をどのように作ればいいのだろうか。特にマンションのような集合住宅の場合は、街を作るという視点で取り組む必要がある。人が互いに関わりながら互いを進化させていくような、そんな集合住宅がこれからの未来ではより一層必要とされていくのではないかと思う。

自然と人間の関係

家と人間、人間と街という視点での議論を進めてみたが、住む上ではもう一つ重要な要素がある。それは自然である。

自然とは、例えば緑あふれる公園のようなものを思い浮かべてもらうのがいいだろう。森があり、小川が流れ、虫や小鳥があちこちにいる。そんな自然である。そんなものは人工的な自然であり、本物の自然は火山が噴火するような、もっと厳しいものであると言われるかもしれない。もちろん、人間が住むことなどできない過酷な環境こそが、自然の最たるものであろう。

しかし、ここで考えたいのは、人間がある程度手を加えた、里山のような自然である。山々に囲まれながらも、田んぼが広がり、人々が生活する里山は、日本人の原風景であろう。都会の中にも、様々な自然の要素を取り入れた公園がある。

我々人間は、そうした自然と触れ合いながら、安らぎのようなものを感じている。自然と触れ合うことも「住む」ということなのだ。

多くの人は、家の中に、観葉植物を持ち込んだり、庭を作ったり、そこかしこに自然を取り入れながら住んでいる。街のあちこちには街路樹があり、植栽があり、公園が作られている。住むということにおいて人は、どこかで自然との関わりを求めている。

ではなぜそのような自然が人間にとって必要なのであろうか。おそらくそれは、人間社会と自分との間の「緩衝材」のようなものになるからではないかと思う。人間に程よく優しい自然は、街を構成する多くの人間よりも優しい。

街の中の人々は、それぞれが自立していて、それぞれの価値観を持っている。故にそれらの人と関わることで、色々なことを学ぶこともできるのであるが、時にそうした関わりは、精神的に大きな負担を強いることもある。自分に強い影響を与える他者の存在は、悪い方向に働くと、非常に大きな負担となる。

しかし、自然はそこまでの負担を強いることはない。人間社会とは全く異なる摂理によって存在しているので、緩衝材になり得るのである。そして、人間もそのような自然の一部であるということを、私たちは忘れてはいけない。

また、昔からの日本の家屋には、色々な自然の意匠が取り込まれている。日本人は自然と上手に関わりながら、「住む」を実践してきたのである。

技術と人間の関係

人間は人間と関わりながら進化するのであるが、その進化を、他の動物以上に推し進めてきたのが技術である。人間は技術によって進化する動物であるといっても過言ではない。動物は遺伝子による進化の方法しか持たないが、人間は、遺伝子に加えて、技術で進化することができる。技術によって能力を拡張することができるのである。この能力拡張は、遺伝子による能力拡張よりもはるかに速度が速く、強力である。例えば、遺伝子をどれだけ改変しても、海を越えて外国に住む人と会話ができるような身体は手に入らないだろう。しかしスマホという技術を使えば、何時でも何処でも誰とでも話をすることができるのである。こうした技術は、むろん、未来の住環境を実現するために必要不可欠である。

これまでの住環境における技術利用は、自然から人間を「隔離」するためのものであったように思う。風雨にさらされても壊れない頑丈な建物を作り、外は暑く湿度が高くても、部屋の中は一定の温度で、快適な湿度に保たれている。そうした住環境を実現するために、建築の技術や空調の技術が研鑽《けんさん》されて、これまでふんだんに利用されてきた。

そのような技術はさらに発展させて、未来において、もっと人間にとってよりよい住環境を実現するためにも利用するべきだと思う。

しかし単に人間を自然から隔離するだけの技術では、もはや不十分なのである。人間は、自然と関わりながら生きてきた。人間にとって必要な快適性を維持しながらも、自然の要素を再現した住環境を実現する技術、そうした技術がこれから求められる技術である。このような技術を「人工超自然」と呼んでいるが、第6章ではその技術について詳しく述べる。

人間と文化

技術に加えて、未来の住環境に必要となるのが文化である。

高度経済成長時代の日本においては、世界に誇れる日本の文化を、ある意味、ないがしろにしてきたところがあるように思う。非常に文化が豊かな日本であるが故に、経済成長時代のムードとは違う、古いもの（アンティーク）と見なされたのだろうか。私たちはあまりにも無自覚であったと思う。

文化は人間にとって本質的なものであり、科学技術と同等か、それ以上に重要視すべきものである。そうしなければ、いつしかグローバリゼーションの波に飲み込まれ、文化は薄っぺらい形骸化したものに成り果てていく可能性さえある。

文化がなぜ大事かというと、科学技術では人間の全てを説明することができないからである。人間の思考や行動において最も重要な要素は何かと問うと、少なからぬ数の人が「心」と答えるように思う。しかし、心というものは、科学的にはほとんど解明されていない。

感情が脳のどの部位で制御されているか、心に関する断片的な研究はあるものの、我々が日常で感じる人間の心を明快に説明できる科学はない。

むしろそうしたものは、文化として表現され、歴史の中で積み重ねられた中で、我々は生きている。お寺や神社が身近にある暮らしや、古い日本のしきたりには、日本人の心が表れていると言われるし、そのことに多くの人が納得している。

ほとんどのキャリアを欧米的文化の中で過ごしてきた私の実感が、単なる郷愁とは思えない。文化を醸成することが人間が生きて残していくべきことであり、その文化は、科学技術が説明しきれない、「人間とは何か」という問いの答えの一つを表している。そう思えるのである。

未来の集合住宅のイメージ

人間の本質を考えつつも、この本を通して実現したいのは、未来の集合住宅、未来のマンションのイメージを作り上げることである。

未来のマンションにおいて重要なのは、一人一人にとって適正なサイズのコミュニティを包含していることである。我々が作りたいのは、単なるマンションの一室ではない、たくさんの相異なる人々の部屋が集まり、その中の住民がコミュニティを形成しながら、充実した生活を送れる街のような空間を作り上げることである。

そのようなマンションによって作られる街を、我々、石黒と長谷工コーポレーションの3人は「シェアタウン」と呼んでいる。多くの人が共有する街という意味である。

現在、若者の間でシェアハウスが普及しているが、それを街のスケールまで拡げたものである。シェアハウスでは、個室と共有空間があり、住人は個室に住みながら、共有空間で同居人と交流を深めている。同様にシェアタウンでは、個々の家と共有の空間があり、住人は個々の家に住みながらも、共有スペースで他の住民と交流を深めるというものである。また、シェアハウスが賃貸であるのと同様に、シェアタウンも基本的には賃貸で、サブスクによって住む権利を得るようなものを想定している。

個々の家と共有空間があるという特徴だけなら、すでに今のマンションでも同様の設計がされていると思う読者も多いだろう。しかし、この本で実現を目指すシェアタウンは、個々の家と共有空間の境界が極めて薄い、江戸時代の長屋のような街でもある。今のマンションは、完全にプライバシーが守られ、外部と遮断することを目的に設計された個々の家と、それに付随するおまけ程度の共有空間から成り立っている。大きな規模のマンションでは共有空間として、立派なロビーなどが作られてはいるが、それらは、マンションの高級感を表現し、マンションに付加価値を与える場所になっているだけで、住人同士が活発に交流する場所にはなっていない。

我々が作りたいのは、住人がプライバシーを守りつつも、他の住人と活発に交流しながら、豊かに暮らす街である。そうした街を「シェアタウン」と呼ぶ。

このシェアタウンは、どこか田舎の街にも似ている。

作りたいのはまさに、都会の中の田舎の街のようなものなのだが、田舎の街「そのもの」ではない。田舎の街はつながりが深い一方で、プライバシーが阻害されやすい問題もある。少しでも変わったことをすると、すぐに噂になって住みづらくなる。田舎暮らしに憧れて移住した人には、我慢しながら暮らしているケースも多い。しかし、そのコミュニティが「前近代的に」排他的かというと、そうでもないだろう。

シェアタウンではそうした問題を、マンションの構造やIT技術やアバター技術を用いて、解決したいと考えている。住人のプライバシーを守りつつも、住人が自由に交流できる環境を作る。また、住人が入れ替わっても、新たな住人がすぐになじめるような仕組みを作る。これらが我々の目指すものである。

田舎の街のよさを取り戻しながら、未来に向けて新しい住環境、街環境を実現するのが、「シェアタウン」である。

第2章

文化をつなぐ

文化とは何か

ここでは、人間が生きていく上で、家や街に住んでいく上で、科学技術と同様に重要な文化について考えてみようと思う。住むことや、コミュニティを作ることは、すなわち、文化を醸成するということでもある。

ではそのような文化とは一体どのようなものであろうか。GPT-4に「文化とは何か?」という質問を投げかけてみた。その答えは次の通りである。

「文化」という言葉は多岐にわたる意味を持ちますが、広義には、特定の社会やグループの生活様式、価値観、信念、芸術、技術、習慣、言語などを表現するためのシステムや構造の総体を指します。以下は「文化」の主な定義や側面を示すいくつかのポイントです:

◎知識、信念、芸術、道徳、法律、習慣、能力など、人が社会の一員として学ぶもの。
◎あるグループや社会が持つ特有の伝統や価値観。
◎コミュニケーションや表現の手段。例えば、音楽、文学、映画、絵画、舞踊などの芸術形式。
◎人々の生活や行動の中で共有されるシンボルや意味体系。

◎ある時代や地域に生きる人々が作り出す、あるいは継承する物質的、非物質的な要素の集合。
◎人々が環境と相互作用する中で発展させてきた技術や方法。
◎ある社会やグループが他者と区別されるためのアイデンティティや特性。

「文化」という言葉には、多くの側面が含まれているため、コンテキストや議論の文脈によって、異なる側面が強調されることがあります。

このGPT-4の回答は、なかなか的確な説明になっている。文化とはそもそも人間が生み出したものの総称である。科学技術は普遍的なものを発見、発明することが目的であるが、文化は、必ずしも普遍性を必要としない。人間や人間社会を特徴づける人間の営みの結果生み出されるもの全てを意味する。

このような文化は、科学技術とは異なり、人間であれば誰でもその創成に関わることができる。コミュニティはまさにそのようなもので、参加する人間全てによって生み出されていくものである。

マンションのような集合住宅では、コミュニティが重要になるが、そのコミュニティは住民全員で作り出す文化なのである。

特に日本では、古来より独自の文化を醸成してきた。ではもう一度、GPT-4に「日本の

「日本文化の特徴を述べよ」という命令を与えてみた。その結果は次の通りである。

日本文化は、その長い歴史と地理的な特性、外国文化との交流などによって形成された独特の特徴を持っています。以下は、日本文化の主な特徴の一部を示しています：

◎和の精神（ワビサビ、侘寂）：完璧さや豪華さよりも、簡素さや不完全さを美しいと感じる美意識。自然や季節の移ろいを尊び、その中での繊細な感受性を大切にする。
◎季節の感受性：日本には四季がはっきりしており、それぞれの季節に合わせた行事、食事、芸能が存在します。例えば、桜の花見、秋の紅葉狩り、夏の祭りや花火大会など。
◎礼儀正しさ：挨拶やお辞儀など、相手への敬意を表す行動が重視される。
◎共同体意識：個人よりもグループやコミュニティを重視する傾向があります。ハーモニーを重んじ、コンセンサスを求める姿勢が顕著です。
◎多様な宗教と神話：神道、仏教、キリスト教など、多様な宗教的要素が共存している。
◎美食文化：寿司、天ぷら、うどん、そば、和菓子など、日本独特の食文化が根付いている。食の美味しさだけでなく、その盛り付けや食器の美しさも重視されます。
◎技術と伝統の融合：高度な技術国家でありながら、伝統や歴史を大切にしている。古い神社や寺院と最先端の技術が共存する風景は日本ならではです。

◎アニメ、マンガ、ゲーム文化：全世界で認知されている日本のポップカルチャー。独自のストーリーテリングや美的センスが評価されています。
◎工芸品：陶磁器、染物、織物など、伝統的な技法を受け継いでいる。
◎自然との共生：日本の伝統的な建築や庭園は、自然を取り入れることを重視しています。

このように、日本文化は多岐にわたる特徴を持ち、古くからの伝統と現代の要素が融合しています。


この回答も非常に的を射ている。ほぼ完璧に日本文化の特徴を説明しているようだ。

この日本文化の中で特に「住む」ことに関して重要となるのが、和の精神、季節の感受性、礼儀正しさ、共同体意識、技術と伝統の融合、自然との共生である。

日本において日本らしく「住む」には、当然のことながら和の精神が必要になる。和の精神を大切にするが故に、日本に住むことの価値が生まれる。

また日本人の季節に対する感受性は、他の国よりもはるかに優れている。季節を感じながら暮らすことこそが、自然と一体になりながら暮らすことであり、そのような暮らしが日本の暮らしを特徴づけてきた。

礼儀正しさは、共同体の中で暮らすために必要不可欠なものである。互いに挨拶を交わし、互いに適度に思いやりながら、共に生きていく。そうすることによって、真の社会性を身につけることができ、コミュニティの一員となることの大切さを学ぶことができるのである。

そしてそれは共同体意識につながる。日本では古来より非常に強い共同体意識を醸成してきた。一緒に生きることを重視する日本においては、何か問題が起これば、皆が一丸となって一緒に解決することができる。互いに助け合うことができる。例えば、２０１１年の東日本大震災においても、物品の強奪や暴動が起こることなく、皆が助け合って、その困難を乗り越えた。これには多くの外国人が驚いている。むろん我々日本人にとっては当たり前のことなのであるが。

そして、技術と伝統の融合も日本の特徴であると共に、未来のマンションを作る上では必要不可欠なものである。技術を駆使することで、自然と調和してきた日本の伝統を守りつつも、快適に安全に過ごせる住環境を作る。これこそが日本文化の神髄に支えられた住環境作りである。

そして最後に、最も重要なのが自然との共生である。人間は自然と共生しながら生きるが故に、豊かに生きることができる。日本ではそうした自然との共生を大切にしながら、住環境作りや、街作りに取り組んできた。これからの新しいマンションにおいても、最も重視すべきデザインポリシーである。

住むということ

文化を醸成することを重視する一方で、避けられない変化もある。それは家族の変化である。かつての日本は大家族が一般的であったが、高度経済成長の時代に入り、核家族化が急速に進んだ。一方、地方から多くの若者が都会に出るようになり、個人の生産性が高い仕事に従事するようになった。地方では過疎化が進み、家族で営む農業などの第一次産業の後継ぎ問題も深刻化している。

このような変化は日本だけでなく欧米でも同様に見られる変化である。しかし、欧米ではすでに、さらなる変化が起こっている。オランダやデンマークでは、結婚ということすらなくなりつつある。若い人たちは結婚をしないのである。

女性も男性と同様に働くようになり、国が子供の養育に十分な支援をして、幼稚園や小学校を無料化している。結婚をしなくても子供を育てることができる制度とコンセンサスがあり、女性が自由に活動できる社会になっているのである。

このような傾向は、ごく近未来に日本でも起こり得ることだと思われる。

すなわち、家族が生活の単位ではなくなり、個人個人が自らの可能性を探求しながら生きていく時代になるのである。

「住む」ということは、家族を持ち、共に同じ家で暮らすということであった。しかしこれからは、もっと自由な形で、個人の可能性を最大限に引き出す形で、「住む」ことが期待される。家や街は、そうした人間の可能性を拡げるために作られていかなければならない。

色々な場所に住んでいて、個人個人が自分の興味や能力を最大限に発揮していく、というような住み方があってもいい。家とホテルの境界がさらに曖昧になり、色んなマンションをサブスクしながら、複数の街に住む、そんな住み方をする人も増えるように思う。

そうした住み方が普及すると、人とのつながりはより重要になる。一つの家に住んでいるなら、人とのつながりはその周辺に限られるが、色々な家に住むと、それぞれに異なる人とのつながりが生まれる。そうした時、マンションのような集合住宅には、人と人のつながりを支援していく機能が求められるようになる。

全部を隠さない日本の文化

かつての日本家屋は、人とのつながりをうまく演出する仕組みを持っていた。垣根、障子、縁側等である。

図1は、日本の古い家屋で用いられている典型的な垣根である。このような垣根の特徴は、完全に内と外を隔離しないということである。背を伸ばせば、家の中からは道路で何が起こっ

ているかを見ることができるし、また道路からも家の中でどんな生活が営まれているかを感じることができる。むろん、遮音性はほとんどなく、家からも道路からも互いの音を聞くことができる。

逆に、この日本の古い家屋に見られるような垣根では、それぞれの家で身勝手に振る舞うことができない。互いに気遣いながら、共に生活していかなければならないのである。

このような暮らしは、プライバシーやセキュリティがないために嫌だと思う人も多い一方で、周囲の環境とつながっているので、寂しくないという人も多いはずである。

プライバシーやセキュリティの問題は、未来においては技術で解決できる可能性が高い。AI機能のあるカメラ等を導入すれば、セキュリティの問題は解決できる。また、液晶シャッターのついたガラス等、必要に応じてプライバシーを守れる機能を家に持たせれば、プライバシーの問題は容易に解決できる。

プライバシーやセキュリティを確保しながらも、人と人をつなぐ、そんな垣根のような境界の構造が、これからの住環境には求められているように思う。

もう一つ異なる垣根を紹介しておこう。図2は、葦《あし》で作られた垣根である。山林地帯では木の枝を用いた垣根もよく見られる。このような垣根は、垣根の向こうが半分透けて見えていて、視覚的に外部とつながっている感じがする。特に、外からの太陽の光がやわらげられて、家の敷地に入ってくるために、家が家の周りの環境とよりなじみやすくなっている。

家そのものも周りの環境になじませ、家を環境と一体化していくような垣根こそが、環境と調和した家には必要になるのではないかと思う。

日本家屋における垣根の特徴は、外部と完全に遮断されない、外部の気配を感じながら生活できる程度の境界として、垣根を作るということである。このような家の垣根の構造が、街に住む人を有機的に結びつけている。こうした構造は、近年の都市では失われかけているが、未来において是非取り戻したい構造である。

(図1)垣根

(図2)葦の垣根

次に障子について述べよう。

障子も日本独特の構造である。薄い紙だけで部屋と外部を区切っている。図3は、部屋の中から見た障子の例である。日の光や月の光で、庭の植木の影が障子に映っている。

これは欧米にはない窓の構造である。欧米の窓は、ガラス窓が使われる前には、光を通さない木の板の窓が一般的であった。その後にガラス窓が使われるようになった。

障子がガラス窓と異なるのは、全部を透かせて見せないということである。影だけを見せて、外の気配を伝えてくれる。また音もあまり吸収しないので、外の音も伝わってくる。影と音で、部屋と外部を緩やかにつないでいるのが障子である。

そうした障子は、住む人間の色んな想像力をかき立てる。障子を挟んで内から外を見れば、外で何が起こっているのかと想像する。影だけが映し出されるために、情報がそぎ落とされ、見る側は、自分の中で想像を働かせる必要が出てくる。このような観察において、人間は大抵の場合、ポジティブな想像を働かせる。人間は足りない情報を自分に都合のいい、ポジティブな想像で補完するのである。

人間は何か行動しようとする時に、視覚や聴覚から常に環境に対する完全な情報を得ながら行動しているわけではない。部分的な情報から、おそらく大丈夫だろうという予測の下に行動しているのである。故に、情報が足りない時にはポジティブな想像を働かせる。その想像がネガティブなものであると、行動を起こすことができない。鬱等の症状はそのようなものだと考えられる。

障子は、内側から外をつなぐだけでなく、外から内をつなぐものでもある。図4は、部屋の外から障子を通して、部屋の中を見ている様子である。薄暗い明かりが、障子に人の影を映している。

ここでもまた同様に観察する側のポジティブな想像が働く。障子の向こうの人はどんな人だろうか。障子に映る影だけで、部屋の中の物語を様々に想像することができ、部屋の中の出来

（図3）障子

（図4）部屋の外から見た障子

事をポジティブに捉えられる効果がある。

障子は、内部と外部を影を通して緩やかにつなぐものであるが、内部から外部を観察する者、外部から内部を観察する者双方の想像力をかき立て、互いの生活を豊かに演出するのである。

人間関係がスムーズに構築しづらく、部屋に閉じこもりがちな人が増える現代において、またこれからの未来において、この障子のような構造は、新たな住環境を設計する上で、重要なものになると思う。

むろん障子は全てにおいて完璧なわけではない。断熱効果はあまりないし、時に外の音が聞こえすぎてうるさく感じることもあるだろう。

そうした障子のデメリットを解決するのが技術である。色々な解決策が考えられる。障子の素材を改良してもいいし、障子の視覚的な効果を再現する有機ELのパネルを障子の代わりに用いてもいい。そうした新しい技術を取り入れながら、障子という優れた日本文化を再現していくことが、未来の住宅を設計する上で必要になることだと思う。

三つ目は縁側である。

縁側は、最も日本らしい家屋の構造であると思う。縁側は、内でもなく、外でもない。庭と家屋の非常にあいまいな境界になっている（図5）。

日本の家屋において重要な構造は、自然と一体化した構造にあると思う。日本の昔の家屋には、大抵庭が作られ、その庭と家屋は縁側でつながっている。

（図5）縁側　旧豊田佐助邸

縁側は家屋を自然になじませる構造だと思う。

日本の家屋は、木と紙で作られ、四季を感じながら暮らせるようになっている。その四季を自然に感じさせるのが縁側である。縁側に座れば、庭の草木が間近に感じられ、家屋の中にいるにもかかわらず、庭にいるような感覚を得ることができる。

私自身、人間は自然と調和しながら生きていくのが理想だと考えているが、この縁側の構造は、是非とも未来の家に取り入れていきたい構造である。

都会の狭い場所で建築されるマンションの各部屋に、庭を作ったり縁側を作ったりすることは容易ではないかもしれない。しかしもしマンションにおいて、縁側の構造を持つ部屋が作れるなら、都会でありながらも、自然と調和しながら暮らしていくことができるのではないかと思う。

むろんそのためには、ここでも技術が必要になる。色々な技術を駆使すれば、未来の縁側の構造が必ず実現できるはずである。

自然とつながっている日本の文化

日本の家屋は縁側等の構造を取り入れながら、自然とのつながりを大切にしてきた。自然はそれほど日本にとって、日本の文化にとって重要な要素になっている。

そのような日本の文化と自然の関係を考えてみたい。

そもそも日本は欧米とは宗教的な背景が異なる。日本人は自然の中に多様な神を見いだしてきた。

欧米は、キリスト教やイスラム教等の一神教をほとんどの人が信仰している。一方で日本は、仏教や神道を信仰する人が多いのであるが、どちらも自然との関わりを重視している。

仏教は一般的に全ての生き物や自然界に対する尊重を重視している。特に仏教の中の禅宗は自然との一体感を追求する宗派である。一方、神道は日本の伝統的な宗教で、自然崇拝や自然界に存在する神霊《かみのみたま》崇拝が重要な要素となっている。すなわち、どちらも、自然信仰なのである。自然は、宗教に基づかなくても人間にとって重要なものであることに疑いはないが、日本の宗教はそうした当たり前のことに根づいているのである。それ故、日本の宗教は、日常生活のあらゆる場面に、その考えを取り入れることができる。そうした日本の宗教が、他国にはない非常にユニークで強い文化を醸成してきたのだと思う。

そしてその自然信仰の文化は、むろんのこと家作りにもふんだんに取り入れられている。もう一つ重要なのは、日本の四季である。日本列島ほど、四季が明確に訪れる場所は他にないように思う。春、夏、秋、冬と日本の風景は四季に応じて全く異なる表情を見せる。春には花が咲き、夏には青葉が生い茂り、秋には実がなり、冬は葉を散らして雪をかぶる。

日本の自然はまるで大きな生き物のように振る舞っているのである。そうした生きた自然に包まれながら、自然と対話して住まうのが、日本の文化であり、日本での住み方である。

そしてそうした生きた自然との関わりの中で暮らすことで、自然に様々な生命感を感じることが当たり前のようになっている。

また日本には「もののけ信仰」があり、自然の中に様々な妖怪や神霊の姿を見いだしてきた。それらは、必ずしも恐れるものではなく、どちらかといえば、共に生活するようなものである。自然との深い関わりの中で、自然の化身として生まれてきたものたちなのである。

そういう日本の文化と住環境であるが故に、対話するＡＩやロボットも受け入れやすい。

今後の人間の活動を支える重要な技術に、対話するＡＩやロボットがある。これらは自律的に動いたり、人間の操作者がインターネットを介して操作したりするものであるが、欧米では、その普及はあまり芳しくない。Googleのグーグルホームやamazonのアレクサ等の音声入力デバイスはかなり普及したが、未だ対話するものにはなっていない。ChatGPTのような大規模言語モデルを用いれば、ロボットにも対話機能を持たせることができるが、そういったロボットが欧米で普及する兆しは今のところない。

しかし、日本では、そういう技術で実現されるもののけ的なものは、抵抗なく受け入れられると期待している。

私は２０２１年に、遠隔操作のＣＧキャラクターや、ロボットでサービスを提供する、アバターの会社を立ち上げた。会社は順調に業績を伸ばし、アバターの利用者やアバターの操作者も増えている。

自然と関わりながら、自然の中にもののけの存在を感じながら暮らしてきた日本では、新たな「技術的もののけ」である、ＣＧキャラクターやロボットのアバターや、自律的に対話するＣＧキャラクターやロボットを受け入れ、積極的に利用することができるはずである。

住宅の中に、そうしたアバターや自律的に対話するＣＧキャラクターやロボットがいれば、人口が減少し、人間によるサービスが取り入れにくくなる未来においても、そうしたものと対話しながら、快適に生活できる環境を実現できるはずである。

自然をマンションに取り入れる

日本の文化や住環境について、特にヨーロッパと比較しながらもう少し話をしておきたい。

ヨーロッパは文化が一神教に基づいて醸成されてきたという点が日本と異なるだけでなく、住環境そのものの設計思想《デザインポリシー》も異なる。

多くの国が地続きで隣り合っているヨーロッパの都市は、外部からの侵入を阻む城塞《じょうさい》都市であり、住居とは身を守るためのものであったに違いない。そのために、頑丈な石垣で壁を作り、内外の境界を明確に分ける構造になっている。

一方、島国である日本は大陸のように他国からの侵略にさらされる心配があまりなく、故に都市も住居も、内外の境界が非常にあいまいで、外に開かれているものになっているのだろう。

ヨーロッパは地震も少ないし、台風も来ないという意味で、穏やかな自然である。四季の変化もそれほど大きくはない。故に、身を守る住居を作れば、それは自然と人間を切り離す住居にもなる。

むろんヨーロッパにも、地域を選べば、日本的な地域もあるだろう。ここで述べたいのは、日本とヨーロッパでは、文化も違えば、住居のデザインポリシーも違うということである。

現代建築においては、日本は欧米から大きな影響を受けてきた。その結果、非常に効率よく生活できる建物を作ることができるようになった。しかしこれからは、もう一度自身の文化やデザインポリシーに立ち返り、日本における豊かさを求めていく必要があるだろう。

日本の住居は自然と融合した作りになっているのであるが、さらにもう一歩進んで、街にも自然を取り入れることが必要である。可能な限り自然に近い方がいいだろう。日本の田舎町には、いたるところに自然がある。森があり、大きな木や大きな石があり、小川が流れている。そうした場所に人は集うのである。

そうした自然は、マンション等の集合住宅の敷地の中にできるだけ取り入れるべきだと思う。わずかな植栽と小さい樹木を数本並べただけではおそらくダメで、一定の大きさの、迫力を感じる自然を持ち込まないといけないように思う。

それができたなら、そこに自ずから人が集まり、コミュニティが形成されていくだろう。人間関係の中に自然を介在させることで、私たちは自然と通じて、人とコミュニケーションしてきたのである。

文化が醸成されたマンションは価値が上がる

マンションの中でコミュニティが生まれ、住むための文化を醸成していくことができれば、そのマンションの価値は新築時よりも高くなる可能性がある。

マンションをただ住むためだけに購入して、誰ともコミュニケーションしない生活はどれほどの価値を持つのであろうか。今のマンションの価値はそのような価値に留まっている。しかし、住む者同士のコミュニケーションを通して街作りに取り組むことができれば、コミュニケーションを通してマンションの文化をつくることができれば、マンションの価値も上がるはずである。残念ながら現在は新築の方が価値が高いのが一般的で、この価値を逆転させていか

(図6)人が集う桜の木

なければ、そこに豊かな人間の生活はない。

住人のコミュニティによって、そのコミュニティが醸成する文化によって支えられたマンションは、真にサステイナブルなマンションになっていくと思う。マンションも環境も同じである。人間が手を入れ、守っていこうとしなければ、持続的に発展するものにならない。

これからのマンションは、ハードである箱としての価値だけではなく、そこに住む人間が生み出すソフトである文化の価値が重要になる。

これまでのマンションの価値は坪単価で決まっていた。しかし、今後はそれに新たな基準が加わる可能性がある。文化のよさに応じて決まる価値である。

人をつなぐ仕組み

理想的なコミュニティが形成されれば、文化は醸成されていく。しかし、コミュニティを簡単に形成することは難しい。自然を取り入れるだけでは、おそらく十分に機能するコミュニティにまで発展するには、かなりの時間がかかりそうである。

では、よいコミュニティを形成するためにはどのような仕組みがあればいいのだろうか。

石黒と長谷工コーポレーションの3人が考えるのは、マンションコーディネーターである。

現在のマンションにも管理人やコンシェルジュが常駐しているマンションがある。そういった人たちは、何かあれば対応してくれるのであるが、基本的には受け身の対応しかしない。何もない時は、特段何か働きかけてくることはない。

しかし、そのような管理人やコンシェルジュでは、コミュニティを能動的に作っていくことはできない。必要となるのは、住人に能動的に働きかけ、住人同士を結びつけ、能動的によいコミュニティを作っていける者である。そうした役割をコーディネーターと呼ぶ。

このコーディネーター、おそらくは人間よりもCGのアバターの方がよさそうである。人間は感情を表に出しやすいので、猜疑心《さいぎしん》を持たれることも多い。一方で、CGのアバターは、初対面の人とも、比較的深い話ができたりする。

私は20年以上そうしたアバターの研究に携わってきた。様々なアバターを開発しながら、そのようなアバターがどのような場面で利用でき、人間よりも優れたパフォーマンスを発揮するかを調べてきたのである。

その結果、アバターの方が、人間よりも対話者が自分のことを話しやすいことなどが明らかになっている。アバターは人間よりも対話サービスに向いているのである。

故にマンションのコーディネーターはアバターを用いるのがよさそうである。人間の管理人から何か提案されると、お節介に思われたりするかもしれない。しかし、アバターであれば、人間よりも皆素直に受け入れてくれる。

ここで重要なのは、アバターの操作者には十分なトレーニングを施すことである。

マンションコーディネーターは、マンションの価値を決めるものでもある。よいコーディネーターであれば、マンションの中に様々なコミュニティを生み出し、そこからそのマンション独自の文化を生み出し、マンションの価値をどんどん向上させることができる。そのためには、マンションを提供する会社が、アバターの操作者を十分にトレーニングしていく必要がある。マンションの価値を上げるか、下げるかはそのアバターの操作者次第である。

むろん、アバターはＡＩ機能を備える。ＡＩ機能によって、時に自律的にマンションの住人と対話し、ＡＩ機能によって、どの住人にどのようなことを話せば、よいコミュニティが形成できるか予測する。どんな性格の人とどんな性格の人を結びつければいいのか。個人ごとの情報をもとに効果的にコミュニティを作り上げていく。アバターの操作者はそうしたＡＩ機能を使いながら、アバターを用いて、マンションの価値を高めるマンションコーディネーターとしての役割を果たしていくのである。

新たな働き方と集合住宅

コロナ禍を経たいま、テレワークが当たり前に行われるようになり、平日の大半を自宅で過ごす人も増えてきた。住宅の使い方が大きく変わってきたのである。もはや住宅は単に寝るためにプライバシーを確保する場所ではなく、そこで働きながら、色々な人たちと交流する場になってきた。

日中家で仕事をする者にとっては、人との交流は重要である。職場であれば、隣の人と話したりして気軽に息抜きができるが、自宅で仕事をしているとそれが難しくなる。

それ故マンション等の集合住宅においては、同じマンションの住人とのつながりが重要になる。互いに気軽に声をかけあいながら、それぞれの仕事をする。そういう環境を作り上げることができれば理想的である。

そのようなマンションにおける人とのつながりは、会社における人とのつながりよりも、価値あるものになる可能性がある。

何か新しいことを考えようとした時に、いつも話している同じ仕事をしている仲間よりも、全く違うことをしている者と話をする方が、いい刺激を受ける可能性がある。マンションでのコミュニケーションはそうしたメリットを生み出す。

一軒家に住んでいる人はどうなるのだろうか。その場合は、地域の住民と交流することになる。今は各地域に大抵は自治会が設置されており、自治会長がいる。しかし、自治会長もマンションの管理人と同じく、問われれば対応する受け身の対応がほとんどである。街をよくするために、能動的に人を結びつける街のコーディネーターが必要となる。ただ、これは、マンションのように簡単に設置できるものではない。一軒家の街ではそれほど人は入れ替わらないし、一軒一軒がそれなりの大きさを持つために、コミュニケーションの機会も多くはない。

ただ、マンションのコーディネーターがうまくいけば、それが街にも波及していく可能性はある。

入居者の集め方

さて、ここで問題となるのが、そのようなマンションにどのように入居者を集めるかということである。コミュニティを重視したマンションであるから、コミュニティに参加する意志のある住人を集めなければならない。

そのための方策の一つは、SNSを利用することかと思う。マンションの分譲を始める前に、SNSを立ち上げ、マンションの理念を共有しながら、それに共感してもらう人に入居してもらうのである。

この入居の対象となるのは、当面は賃貸マンションになる。賃貸マンションであれば分譲と違い入居のハードルは低い。また賃貸マンションの利用者には比較的若い人が多いので、SNSにも慣れているし、新しい人とのつながりも求めている。主に若い人たちが借りるマンションとして、このコミュニティを重視したマンションを作り、そこから年齢層を拡げていくという方策はうまく働く可能性がある。

もう一つの工夫がAIの導入である。AIがSNSの対話パターンを解析し、その人がマンションで作られるであろうコミュニティにうまく参加できるかどうかを判断するのである。大量の対話履歴からその人の個性や人格を評価できるＡＩの方が、コミュニティ参加の正確な判断を下せる可能性がある。

いずれにしろ、ＳＮＳやＡＩ等、最新の技術を用いることで、目指す新たなマンションの住人を集めることができると期待している。

ソフトからハードを設計する

作るべきコミュニティのイメージが得られれば、そこからマンションのハード、すなわち物理的な構造を設計することになる。

これまでのマンションは、まずハードの設計があり、その上で入居者がマンションに住んでいた。しかし、これでは効率よくコミュニティを生み出すことはできない。コミュニティを生むには、その目的に合ったハードの設計が必要である。コミュニティが生まれる前に設計されている今のマンションのハードは、コミュニティを考えるのではなくて、個々のプライバシーだけを考えて設計されている。それ故むしろコミュニティが生まれにくい構造にさえなっているのである。

ではコミュニティが生まれやすい構造とはどのようなものであろうか。

マンションであるから、最低限のプライバシーは守られなければならないが、そこかしこに人が出会う場所が設けられているのが理想である。街の中にいろんな施設や自然があるのと同様に、マンションの中にもいろんな出会いの場所があるべきである。

また、どのような住人がマンションの何処に住んでいるかということも重要である。マンションの全体のことがわかっていない新しい住人が、自分で住む場所を選ぶのではなく、マンションを管理するコーディネーターや、住民の性格などをよく理解しているＡＩが、新しい住人の住むべき部屋を決めるのである。

すでに住んでいる人であっても、部屋を移ることで、よりコミュニティが形成しやすくなるなら、マンションコーディネーターやＡＩは、そのことをその住民に勧める。

こうしたことを効率よくスムーズに行うために、マンションの入居規約には、マンションコーディネーターやＡＩの進言を聞き入れる条件を記しておくのもいいかもしれない。

日本の住み方の文化を海外にも売る

このようなコミュニティを重視したマンション、古来の日本人の生活にヒントを得て作られたマンションは、日本において広く受け入れられると期待している。

そして、日本で受け入れられれば、海外にも展開できる可能性が出てくる。

海外では日本の様々なものが受け入れられている。アメリカ人の典型的な生活は次のようなものである。子供は学校から帰ると毎日ニンテンドーで遊び、週末になるとトヨタに乗って、家族で寿司を食べに行く。それほどまでに日本の文化は欧米に深く浸透しつつある。

ゲーム、自動車、食に続いて、欧米に輸出したいのは、マンションである。日本の文化に根づいてソフトとハードが設計されたマンションは、欧米でも受け入れられる可能性はある。

未来の住まいミーティング（前編）

●司会：石黒浩
●長谷工コーポレーション：熊野聡／堀井規男／大西広望

二つの万博

●——皆さん、お集まりいただきありがとうございます。

今回の「いのちの未来」パビリオンでは50年先の暮らしを見てもらうので、未来志向でエクストリームな展示でないと皆ワクワクしてくれません。一方で、そこに向かうためのステップは必ずあるはずで、そのステップは長谷工さんにとっても、中長期的なゴールになるのではないかと思います。

前回の大阪万博から50年あまり、私たちの生活は大きく変わりました。住むことは生きるということです。これからの住宅を考えることは、どう生きるべきか、どう生きたいかという議論になるでしょうし、そうした議論には大きな価値があるはずです。視点を拡げながらどんどん話を進めていきたいですね。はじめに皆さんが、これまでどんな分野で仕事をされてきたのか、おうかがいしたいと思います。

熊野——私は、前回の万博の時は小学2年生で、当時の日本の活気というか高揚感は非常に印象に残っています。あの時今日の携帯電話の原型が展示されていたように、今回も「いのちの未来」パビリオンで展示されるものが未来で実現する、そういう期待感がありますね。

入社は１９８５年、文系出身で、建設工事受注営業をメインにやってきました。我々の営業は仕事をもらいにいくのではなく、土地を探してデベロッパーさんにご紹介して受注する、いわゆる「事業売り」営業です。デベロッパーさんがいて、長谷工がマンションを建てるので、マンションメーカーという人もいるんですが、「マンション事業をプロデュースしている」というのが実際のところです。

実は長谷工がマンション事業を始めたのも前回の万博の頃でして（自社マンション第1号「芦屋松浜ハイツ」１９６９）、この50数年で施工戸数は累計71万戸を超えましたが、これまでと同じようにこのビジネスモデルは続けていけるのか、ここでの議論を通じて考えてみたいですね。

堀井――私は１９９０年入社で、３年間建設現場にいて設計部門に移り、意匠設計をメインに今に至ります。子供の頃からコンピュータが好きで、会社の中でもＩＴ関係を中心に、最近ではＢＩＭ《ビム》設計の導入にも関わってきました。ＢＩＭ（Building Information Modeling）というのは、コンピュータ上に３次元で建物を視覚化する設計技術です。導入から10年余になりますが、これまでＣＡＤ（Computer-Aided Design）の２次元図面で設計していた時代に比べると、作業のスピードは格段に上がりましたね。

ＢＩＭは建築設計の単なる３Ｄ化だけではなく、建物のあらゆる諸元、情報をデジタル化でき、また、長谷工はＢＩＭの活用を設計、施工にとどまらず、販売や維持管理などにも展開することを目指しています。この過程で得られた膨大なデジタルデータは、今注力しているＤＸやＡＩに直結させることができ、今後の活用に期待できます。

本プロジェクトと並行して石黒先生とは「リビングハウス・プロジェクト」というのをやっています。お会いするまでは、ロボット学者として技術の話を中心にされるのかなと思っていたんです。ところが、むしろ真逆の、自然や人間の話を多くされるのが印象的でした。建物自体は技術の集合体で、自然物ではないものの、それをどうやって自然や人間の側になじませていくか。未来の住宅を考える場合、大事なポイントになると思っています。

✹――なんで僕がテクノロジーの話をあまりしないのかというと、テクノロジーがかなり「人間ぽく」なってきたからです。僕らが作ろうとしてきたものは作れる、人間を作ろうと思ったら作れてしまうわけです。なのでなおさら、「人間とは何か」ということをちゃんと考えないといけません。そもそも技術はツールだったのです。これまでがんばってツールを作ってきたけれど、そのツールがかなり人間らしいものになってきて、いよいよ文系の問題を解くために使えるようになってきました。私の研究室のロボット研究は、いま完全に文系のテーマをやっています。

大西――私は１９８８年の入社以来、施工管理部門にいて建物を作ってきました。リーマンショックの後に営業、設計、建設をまとめる部門が新設されて、その部署長を10年務めましたが、3年前に万博の協賛が決まり、「いのちの未来」パビリオンの工事責任者として任命を受けると同時期に施工部門に戻りました。それまで100パーセント施工人生でしたが、内勤にてコストマネジメントの経験を通して、本当に色々な部署の協力があって建物が実現することを知りました。

父親が日本道路公団（現NEXCO）に勤務していたこともあり、子供の頃からものを作る、建物を建てるという夢を持って、ずっと理系でやってきました。長谷工に入社しマンションを作っていると、よくこんなに合理的にできるものだ、長谷工のグループ力はすごいなと入社当時から現在も思っています。

前回の大阪万博は、5歳でしたが意外に覚えています。歴史はおおむね100年の繰り返しで、スパイラル（らせん）的に繰り返すと思っているので、もし50年後に3回目があるとすれば、どんな未来になっているのかなと考えたりしています。

●――前回の黒川紀章《くろかわきしょう》さんの「カプセル住宅」は、そのまま今の集合住宅になっていると思いますよ。

大西――あれは強烈な印象を残しました。

堀井――前回の万博は時代背景もあり、機械的というか直線的なデザインが多かった気がします。今回は曲線、曲面を強調した建物が多い印象があります。あと緑が増えている。

コンクリートの質感よりも木の触感といいますか。

●――万博のたびに建築のビジョンが出てくるんですね。今回の「いのちの未来」パビリオンで展示したいのは、日本の古い家屋のように自然と調和した家屋です。簡単に言うと、家の中にいても公園にいるのと同じくらいの自然を感じられる、緩やかに外界とつながっている、そんな未来の家です。

歴史をひもとく

熊野――以前、石黒先生に「今のマンションは牢屋みたい」と言われて、非常にショックだったんです。でも高度成長時代にはそれが新鮮だったんですね。「日本の家屋は貧しい」それが本当かどうかはともかく、みんながそう思って、どんどん団地やマンションを建てていった。

●――マンションというのは和製英語なんですよね。

熊野――本来は「豪邸」「高級邸宅」ですが、我々は集合住宅という意味で使っています。これも60年代からのものですね。

●――日本で有名な初期の集合住宅は大正時代、関東大震災の後にできた「同潤会青山アパート」ですよね。

堀井——「同潤会青山アパート」では、部屋は小さな2K（30・65㎡の2間＋キッチン）ですが、水道、電気、ガスはもちろん、水洗トイレ、下駄箱、帽子掛け、鏡のある洗面台なんかもついていた。デザインもヨーロッパのアパートを参考にしたもので、今の感覚でもかなり都会的でおしゃれだったと思いますよ。

●——それまではみんな木造平屋の長屋だった。それが高度成長時代、いっせいに鉄筋コンクリートの集合住宅になっていくわけですが、その頃、長谷工さんはどんなマンションを作っていたのですか。

堀井——長谷工の最初の規格型マンションに、「コンバス」シリーズ（1973〜1982）があります。高価なRC構造の住宅を若いサラリーマン家庭にも手が届く価格帯にしたものです。70㎡を中心にしたファミリータイプの3LDKで、ユニットバス、キッチンユニット、洗面ユニットという構成は、現在でも分譲マンションのスタンダードになっています。私が入社した時は終了していて、コンバス世代ではないのですが。

熊野——「コンバス」シリーズは生産システムとしては非常に効率的で、それを大量供給したのが70年代。しかし多様化するニーズに対応できずにお客様から飽きられました。非常に速いスピードで、安かろう悪かろうと思われるようになったんですね。箱を重ねたようなものばかりじゃダメだよねという話になりました。

●——当時の建物はどんどん古くなってきていますよね。

堀井——古い団地の再生事業はこれまでたくさんやってきました。建物も住民も「歳を取る」という問題の解決策として、建て替える際、余剰容積を活用し、建設費を捻出したり、最新のプランやデザインに刷新したり、共用施設や緑を増やしたり、建物だけでなく、それを含めた環境デザインを住んでいる方はもちろん、デベロッパーや行政などの関係者と共有しながら作ります。60〜70年代の古い団地をどうやって再生してきたか、長谷工マンションミュージアム（東京・多摩市）に行くと、ジオラマといっしょに展示していますよ。

✹——マンションミュージアムに行って「いいなあ」と思うのは、昔のマンションの間取りが緻密に再現されていて、当時の家電製品、家具なんかも置いてあって、懐かしいんですね。私たちはこういう暮らしをしてきた。日本人の生きた証《あかし》なんだと思います。この感覚は私だけのものでなく、若い人や外国の人にも「わかる」んじゃないでしょうか。

ヨーロッパでは、そのままの昔の部屋がいまだ普通に流通しています。これまで私たちはスクラップ・アンド・ビルドでどんどんやってきましたけど、壊してしまったものの中に、新しい価値を生み出せるものはたくさんあると思います。

高齢化とマンション

熊野——昔、業界には「住宅すごろく」という言葉があって、アパートから始まって賃貸マンション、分譲マンションと続いて、上がりは一戸建てだったんです。一国一城の主《あるじ》という言葉もあったように、みんなが一戸建てを手に入れることを目標にしていた時代がありました。今のすごろくはそこまでいかなくて、最後がマンションになったりしています。

堀井——昔はマンションを作るとどんどん若いファミリーが入ってきましたが、しだいに子供がいなくなって高齢化、廃墟化していく問題があります。なにかこう、循環していくものがあるといいなあと思います。

●——日本の人口は今後、50年で半分になるとも言われています。65歳以上の高齢者が人口の半分近くになって、認知症の方も、医療の進捗状況いかんではかなり増加するとも言われています。問題が起こらないように、施設や家に閉じ込めればいいというのはあり得ないですし、自由に街を散策してもらった方がいい。そうなった時、これからどんなマンションが考えられますか。

大西——マンションの構造を、ドーナツ状にするのはどうでしょうか。どこを歩いても、また元の場所に戻ってこられるというようなイメージです。

むろん、このドーナツ状の構造から、さらに外に自由に出ることができるようになっているのですが、その先には、同じ構造があって、高齢者の活動量に応じて、より広い外へと踏み出していくことができる。活動量が落ちてきたら、しぜんと内側に足が向いて、元の場所に帰ってこられるようになる。池の波紋が拡がっていくような街のイメージです。

もちろん、物理的な構造を全て実現するのではなくて、高齢者を見守り誘導するＩＴ技術をふんだんに使って実現されることだと思います。大事なのは、自由な意志によって、体力に応じて活動の幅を安全に拡げていける仕組みですね。高齢者の視点でのシミュレーションですが、日本全体がそうした波紋構造で包まれていくようになるといいなと思っています。

●――それは面白いですね。そうした構造に加えて、それを支援するコミュニティ作りも大事になりますね。これから私たちは、昔の日本の田舎にあったようなコミュニティを、新しい形で作り直していけるんじゃないかと期待しています。

堀井――今のマンションのコミュニティには課題が多いと思います。住人同士のコミュニケーションが少なかったり、住人間の合意形成がうまくいかず管理組合の運営に支障をきたしたりするケースもあります。

●――一方で、シェアハウスのような小さいコミュニティは若者の間で一定の人気がありますよね。シェアハウスの方が、理想的な環境を作りやすいのかもしれないですね。また最近は、古い団地に若い人がどんどん入って、新しいコミュニティが生まれているという話もあります。

堀井――小さいコミュニティから始まっていくんでしょうね。それが相互に影響し合いながら、大きいコミュニティに発展していくという。

●――人間の脳のサイズからいって、「人のつながりは150人まで」という人類学者の説がありますね（ロビン・ダンバー「社会脳仮説」1998）。どんなに大きくても150人ですから、小さくていいんじゃないでしょうか。

高齢化というのは、それまでの家族や仕事との関係から「自由になる」ことでもあるので、気の重いだけの話ではないのです。一人一人が、これまでと違うコミュニティに参加して、人とのつながりを持つこともできる。色々な価値観のコミュニティが存在して、それぞれが技術に支えられて、豊かに暮らしているというのが、未来の集合住宅だと思います。

マンションの価値

堀井――最近中古マンション市場が活況を呈しています。新築が非常に高くなっているので中古に流れてきていることもありますが、エリア内で断トツに価格の上がっている中古マンションというのがあるんです。竣工して何年も経っていて、駅から20分以上と遠いのに、「エリアナンバーワン」といまだに言われるようなマンションです。どういうことなのかなと見にいくと、住んでいる人たちがしっかりとコミュニティを作って、マンションの価値を守ろうとしているんですね。

●――うまくいっているところもあるのですね。公共心の高い人が集まってきたんでしょうか。

堀井――売り出し当初からエリア内では高めだったけれど、その価値を認めて集まってくるところで、一定のレベリングは図られたんだと思います。そういうマンションはこれから増えていくと思いますし、我々もそれに耐え得るものを作っていかないと。そういう仕掛けを我々の側でもしていく必要があると思います。

●――そのマンションでも何か仕掛けをしたのですか。

堀井――このマンションの場合、広大な敷地に10棟を超える住棟数、1000戸を超える住戸数で住人は3000人を超えるという、我々にとっては、一つの街を作るようなものでした。大学跡地の広大な敷地には約2万本もの既存樹があって、どれだけ残せるかというのが重要でした。既存樹を残すのはじつは非常に難しいんです。事前に樹木医を入れて樹木の健康状態を確認しますが、それでも枯れてしまうこともありますし、移植には非常にコストがかかるので経済合理性からも限界があります。仕掛けというのか、「土地の記憶」をどれだけ残せるだろうかということが非常に重要でした。

よく近隣住民の方にマンション建設を反対されることがあるのですが、私の経験から言うと、新しいマンションができることにより街が綺麗になったり、人が増えて街に活気が出たり、スーパーなどの商業施設ができて利便性が上がったり、歩道状空地や地域に公開された緑地などができたり、と街のポテンシャルが上がり、結果、近隣住民の方に喜ばれるケースも数多くあります。

熊野——ハード（建物）だけではなく、ランドスケープもよくて、一定の価格だったことで、先生の仰る「公共心の高い」人が集まったんだと思います。

集合住宅の技術は進化していますが、全てのニーズに合わせていくと、無難なプロトタイプのようなものになります。首都圏の新築マンション供給戸数は90年代半ばから2000年代半ばが年間8万戸、今は3万戸、こうした状況の中でどうするかということですね。いままでマンションは立地と価格で売れていた。それも働き方とか、生き方が変わっていくと、プライスに反映される要素も変わっていくでしょう。

畳の部屋

●――私がずっと不思議に思っていたことに、マンションの畳の部屋があります。どうしてぽつんと畳があるんだろうって。

熊野――いまほとんど畳の部屋はないですね。そのほとんどはフローリングになったのですが、私が若い頃には1室は和室というのが標準でした。特に関西では2間続きの畳のタイプも人気がありましたね。親戚一同が集まる時に大広間にするんです。核家族化が進んで、そういったニーズも少なくなりましたけどね。

堀井――昔の戸建てでは2間どころか、旅館の宴会場みたいに、襖を開けると和室が続いているプランもありました。

大西――寝転がってテレビを見るとか、今なかなかできないでしょう。私の住むマンションには和室があるので、しょっちゅうゴロゴロしています。

●――フローリングやじゅうたんの暮らしをしていると、天井を見なくなりませんか。

研究者にとって一番大事なのは「視点が変わる」ことです。椅子に座ってものを考えなさいと言われても、すごく制約されているというか、発想も制限されてしまう気がしてしまう。ゴロゴロして当たり前の家で、天井を見ても面白いし、窓や床を見ても面白い、それが自然と関わる意味だと思いますし、後でお話しする「人工超自然」の第一歩かなという気がしています。

大西――天井の面積は床と同じなので意外と大きいんですね。僕のマンションの天井は木目がプリントされたボードで、じつに「なんてことない」んですが、柄を見るだけでも落ちつく感じがします。今の天井は概《おおむ》ね白いクロスなんですよね。非常に無機質に感じます。

●――「木目」のような、規則がありそうでなさそうなものは、人間の脳に非常に影響を与えます。天井を見ていたら木目が顔に見えたり、動きだしそうに見えたりする、そういう体験はありませんか。

そういうパターンをストラクチャード・カオス（structured chaos）と言います。一見ランダムに思えるけど、マクロな構造がある、そんなパターンを意味します。人間の脳は常にパターン（規則性）を見つけようと動いています。なので、人間はストラクチャード・カオスに引き寄せられるのです。

人間は常に外部の刺激をもらいながら生きているので、なんにもない真っ白な部屋にいるとすごくしんどいのです。影もない全ての感覚を閉ざした刺激のない部屋に人間を放置すると、誰もが発狂すると思いますよ。

堀井——私の野望の一つに、「マンションを全て畳敷きにする」というのがあります。「星のや東京」（東京・丸の内）はエントランスから畳なんですよ。高層ホテルでありながら全館が日本旅館の和室なんです。私は畳の肌触りが好きで、畳のスリッパを愛用していますが、玄関を入ったところから全部畳だったらスリッパを履かなくていいですし、どこでもゴロゴロできる。

●——京都のお寺で万博関連のミーティングをよくやるんだけど、お寺ってみんな畳の部屋じゃないですか。だから皆何の違和感もなく、スリッパを履かないで歩き回っています。フローリングの中に畳があるから、「（スリッパを）あきらめきれない」というか、変な感じがしたのかもしれません。ここはもうお寺さんみたいに、畳の空間なんだとやってしまえばスリッパを履かなくても違和感もないんじゃないかな。

熊野——戦後、住都公団が団地を作りはじめた時、日本人は欧米の生活に憧れて、そういうふうにしたんでしょうね。その憧れは今も続いているわけですが。今のマンションは本当に自分たちの暮らしに合っているのかどうか。

●——大谷選手じゃないけれども、憧れるのはやめましょう。京都の「都ホテル」には裏山があって、その中に離れもあるんですね。どれも質素な古民家風なんですが、外国の友人はみんなそこに泊まるんですよ。畳の部屋はなんて「自由」なんだって。

自然と関わる

日本人は元々、自然と調和しながら暮らしてきました。日本の家屋もそうした作りをしていました。自然と調和しながら、住むだけで自分がもっと進化した気分になるような家、自然との関わりの中で自分の成長を感じられるような家が必要だと思います。その家にいると、何かもっといい刺激を受けられるような家です。

自然と調和している家というのは、家そのものが、里山の自然と同じくらいのわがままさを持っている。そんな家かもしれません。

意外にも人間は、何でも簡単に自由になるものより、適応を要求されるようなものに愛着を感じたりします。住んでいる人間を成長させ、発展させてくれるような家は、未来において必要で、必ず何か思いつくことができると思います。

みんなで昔の生活に戻ろうとか、自然災害に悩まされるような家に住もうというのではないのです。

使える技術はふんだんに使いながら、安全に快適に住むことができる。家そのものがある種エージェント化されていて、家そのものが住む人間を見守るというようにすればいいのじゃないかと思います。それぞれの家のエージェントが、そこに住む人間が、コミュニティの中で色々な人に自由に出会えるような場を作ってくれる。そんな仕組みがある家には、色々な価値観の人がもっと生き生きと住むことができるようになるはずです。

堀井——ある種の不便さが人間を成長させるというのはわかります。でもそれは、住んでいる人に許容できない我慢を強いることにもなる。一方で、家が知能を持って、自律的に色んなことをしてくれるのは、非常に便利ですが、人間は成長しないかもしれません。不便と便利のいいバランスを探し出すのはけっこう難しそうですね。

●——僕もそう思います。なので、部屋の空調、光、音をどう制御すれば、自然と向き合うような環境にできるのか、そういったことを大学では研究しています。この自然というのは、人間に多少の我慢を強いる要素です。一方で、環境全体を制御し、人間に歩み寄りながら関わるロボット的な部屋の研究もしています。考えているのは、環境全体がエージェントとなって、時に不便な、また時に便利なサービスを提供しながら、人と関わり続けるような部屋です。

堀井——面白いですね。家に対する価値観もだいぶ変わってきているように思います。だんだんと世の中の価値観が所有から利用になってきていて、僕も以前から家のサブスクリプションをやりたいと思っています。色々な所に自由に住みながら、週に2回ほど東京に来て、他の日は違う所で仕事をする。そんな生活もいいなと思います。

大西――マンションの部屋そのものが違う環境になるという仕組みも考えられますよね。マンションの部屋にボタンがあって、オフィスボタンを押すと壁が変わってあたかも会社にいるような状態になる感じです。また、疲れてそろそろ家に帰りたくなったら、プライベートボタンを押して、自分の書斎に帰ってくるみたいな。今後益々生産性を上げなくてはいけないんです。そうすると移動という無駄を省ける家、何時でもオフィスになって、何時でも仕事ができ、何時でも家に帰ってこられる家なんかもいいと思います。

堀井――それはあり得ますね。全部がバーチャルに置き換わることはないと思うけど、このコロナ禍でバーチャルのよさを知ってしまった以上は、元に戻らないのも事実。これから、バーチャルの技術と実際の家が融合して新しい家になっていくと思います。

そういう前提でこれからの住宅を考えた時に、我々は今までと同じマンションをずっと作り続けていいのか。色々と考えさせられます。

文化をつなぐ

✹――最近、「転生したらスライムだった件」というアニメが面白かったんです。あれはシミュレーションの面白さですね。主人公のスライムが、京都の町家みたいな家に住んでいる。庭があって、畳もあれば縁側もあり、茶室もある。光と影がある。もし私がこの世界で何の制約もなく自由に家を作るとしたら、こういう家なんじゃないかと思いました。日本って、来るものは拒まずで、クリスマスと初詣があたりまえのイベントのように連続してあったり、結婚式でも着物の後にウエディングドレスとか着て、自由にいろいろなものを取り入れていますよね。フランスの友人には「異世界」なんて言われます。

大西——マンションにはバルコニーとして縁側が残っているし、上がり框《かまち》も、土間のイメージも残っている。靴を脱ぐのも畳文化の名残でしょう。本木造に住む人にはずいぶん変わって見えるかもしれませんが。

古民家再生なんかをやると、自然との隔たりがない、内外をつなぐデッキがあって、大きな梁《はり》や大黒柱、360度の視覚、目線が全て外側に溶け込んでいく感覚になります。空間の何かが人間に働きかけているのでしょうね。

じっさい自分が「和」のちょっと残っているマンションに住んでいるのもありますけど、やっぱり日本の住宅を考える場合、「和」という視点で考えることがすごく大事だと思います。

熊野——そのためには、住宅というハード面でだけではなくて、いかにそこにソフト面の価値をつけるかが大事になると思います。ソフトとハード、建物とその建物の中での人間の振る舞い、それらをどのように融合させ、両者をセットにして提供していけるかですね。

●――そうですね。次に何を大事にするかといったら、やっぱり日本の文化であり、和ですよね。これも、単純に何か和的なものを残せばいいのでなく、歴史の中で醸成されてきた複雑な文化を丁寧に取り込んで、積み上げていけるかどうかかと思います。

ソフトには二つの種類があると思います。一つは、住んでいる人の動きをどう誘発させるものであるのか。もう一つは、どんなコミュニティを作っていくのかということです。

住むとはどういうことなのか、もう一度深く考え直さないとソフト面のデザインや、それを実現する方法は見つからないように思います。ソフトのデザインポリシーを発見する必要がありますね。

ソフトのデザインポリシーが決まってくると、そのソフトを実現するための、もう一歩進んだハードをどうやって作ればいいかというところに、また議論が戻ってくるのかなと思います。そしてこのソフトは、文化だと思います。

そこに住む人間の活動や、街全体の人間活動、そうしたものは文化であり、日本においては、日本の住み方の文化を、住宅の価値として醸成していかないといけないと思うのです。

堀井——ソフトを意識しながら、ハードを新たに作ってそれを進化させようということなんですね。

●——高度経済成長の時代に欧米様式が入ってきて、なんとなく和洋折衷になってそのまま固まって、今はそれらをコピペしながら使い回している、そんな住環境の作り方をしているように思うのです。そこを一度日本の原点に戻して、日本人のスタイルや文化に合った暮らしとは何かということから、考え直した方がいいかもしれないですね。

大西——自然と調和した生活というのは、わざと住環境に気遣いをさせるような住み方だと思います。家にも気遣いをしないと住めない。住み手が考えていく。それを誘導するような考える余地がある住居。これまでは気兼ねなく簡単に住めることを求めてきたけど、気兼ねがないと住めない住宅が求められる気がします。これまでの住環境の設計理念とは、逆に向かっていくように思います。

●——ソフト面からちゃんと文化を考え、日本の文化を取り戻していく。そして、ソフト面で人との関係性をよくしたいと思いだすと、それを支えてくれるようなハードが欲しくなるんだと思いますね。

堀井——今のマンションは、人との関係をできるだけ排除するように設計されています。それは、マンションはクレームで成り立っているからなんです。何かクレームが来ると、次にそのクレームがないように仕様を変えていく。そういう「クレーム文化」を、少しても変えないといけないんでしょうね。

私が考えている未来のマンションというのは、シンプルなんです。例えば第二の人生で本当に住みたいマンション、最後に住みたいと思えるようなマンションです。本当に理想的なマンションに住みたいと願いながら、あるべきマンションを設計すれば、人々が本当に欲しがるマンションを提案できる可能性があると思うのです。

そうしたマンションは、住む者の間で、気遣いをうまく引き出すようなものでないといけないし、そうした気遣いこそ日本が大事にしてきた文化だと思うんですね。これがソフトのデザインポリシーの一つになると思います。

考える余地を残して、自分で考えて行動できるようになる。気遣いという文化を無理のないかたちで誘発してくれる。そうした住環境であるべきだし、それを積み重ねていくというのが、日本人にとっての住むということ、住むという文化だと思います。

生活とコミュニティ

例えば、長谷工さんが新しい賃貸マンションを作る時に、「ここはこういうコミュニティです、これに賛同する人は来てください」というふうにして、入居者を集めると、むしろ賃貸の方が居心地がよくなったりしませんか。コミュニティに参加するというタイプのマンションを実験的に作ってみるというのは。

堀井――色々なコミュニティのマンションがあってもいいですよね。我々はいま、「コムレジ赤羽」（東京・北区）というコミュニティ重視のマンションを運営・管理しています。社内に「経営塾」というワークショップがあり、そこから生まれたアイディアを発展させたもので、幅広い世代の入居者が集まって交流しながら生活しています。ラウンジやパーティールームなどの共用設備やイベントなどを通して、同じ棟に住まう入居者同士、さらには入居棟を超えたつながりが生まれています。

熊野――東京の王子では、賃貸マンション120戸程度、有料老人ホームと学童保育を併設した複合施設を作りました。高齢者の生きがいという観点からも、おじいちゃん、おばあちゃんが子供を見守るのは理想ですね。

堀井――コミュニティが形成しやすいような、いくつもの賃貸マンションに自由に住めるようになると面白いと思います。どうやって実現するかというと、例えばサブスクで、一定料金を払っておけば好きな所を転々として暮らせる。マンションに住むという権利を、サブスクで買って利用をしていくというような暮らし方をすると、一カ所でしんどい思いをしても、別の場所に簡単に移れるので、コミュニティに過度に縛られることなく生活することができそうです。

私は前々から「車と住宅」というのは色々共通点が多いと思っていて、例えば共に一生に数回あるかないかの高額な買い物ですし、使う人の考え方で選ぶ車や住宅のタイプが大きく異なる。昨今は若い人の車離れが進み、車のサブスクなども始まってきています。これからは住宅も車の後を追っていくような気がしています。

熊野――新築マンションは既製品を買うことが一般的ですが、中古マンションは自分で内装を変えて、パーソナル化して生活をすることができる。それが繰り返されていくわけです。ヨーロッパの古い街の建物は、そんなふうにして受け継がれてきたのではないでしょうか。

本当に住みたい分譲マンションを追求する一方で、賃貸マンションにおいては、シェアハウスの形態に移っていくんじゃないかなと思います。さらにあと10年、20年すると、所有よりシェアの方がメジャーになるようにも思います。そこに向けて長谷工として今から準備していかないといけないと思っています。

✹――家に縛られない生活、生きることや住むことを支援するような住宅の提供の方法があるということですね。

家一軒の部屋を売るのではなくて、コミュニティそのものを作って売る時代が来る。そうなると、一戸建てよりも、集合住宅の方がコミュニティも含めて、トータルにデザインしやすくなりますね。

住むとは何かという前に、人が生きるとはどういうことなのかという問いがありますが、一戸建てに閉じこもって何をするのかです。住宅すごろくではありませんが、車に乗って一戸建てに住むことがステータスだという価値観がなくなったら、一戸建てよりも集合住宅の方が、人間の「生きる」という目的に合っている気がします。

堀井――賃貸マンションの問題は「原状復帰」にあるかもしれないですね。賃貸マンションは、借りた後は、元通りにして返さないといけない。穴を開けてはいけないなど、様々な制約があって、けっこう住みづらいところがあります。ある程度、綺麗になっていれば、次の人がその生活も受け継いで借りていくというのでもいいと思うのですが。

大西――例えば、「こういうマンションですよ、気に入った人は入ってね」と言って、次の人に入ってもらえばいいということです。借りる人が大体同じような賃貸マンションに対する価値観を持っていれば、次に入る人も別に気にはしませんからね。リユースなり、リノベーションなりで、住人の皆さんも、マンションの作り手になるということですね。

堀井――ヨーロッパでは新築する家は滅多になくて、ほとんどがリノベーションされて、色んな人に引き継がれています。一軒の家それぞれが都市の資産だということなんだと思います。そういうのが日本にはありませんよね。

◉――そういった点では、今の日本人は住宅という文化を積み上げていくことに欠けている気がしますね。文化をつくって守るというのは努力が必要で、大抵は不自由なものだと思います。ヨーロッパの住宅は不自由だけど、それを受け入れ大事な文化を守っているように思います。

また逆に、不自由だからこそ、努力して守っていけるのではないかとも思います。日本には元来すごく豊かな文化があるにもかかわらず、ちょっと疎かにしている感じがしますね。

大西――昔を振り返る時は、必ず来ると思っています。100年後か200年後かわかりませんけど、大和時代から約2000年の長い歴史の中では、比較的短いサイクルで繰り返されていると思うのです。そうしたことをふまえて、50年後、100年後の日本を考えていくことは大事ですよね。

✹――これからの人間は、単に生きるだけではなくて、どう生きるべきかということをそろそろ考える必要があるのではないかと思います。そうした時に文化は非常に重要になります。科学で説明できないものは全て文化が下支えしてくれています。いまだに心や命は科学的によく分からない。でも、それらについて、拠り所になる深い文化が日本にはあります。そうした深い日本の文化を基にコミュニティを作ることと、集合住宅というのは相性がいいように思いますね。

堀井――これからの住まいのコンセプトとして、日本古来のよさを再発見して、未来のコミュニティをデザインした集合住宅を打ち出していくのがいいかと思います。

●──日本の文化やコミュニティを醸成してきた住環境というのは、江戸時代の長屋にまでさかのぼることができますが、長屋をそのまま再現するだけでは、住宅というより「テーマパーク」みたいなものになってしまいます。

もっと新しい概念の発信の仕方、コミュニティの作り方があるはずです。例えばコミュニティを作るために、どんな仕組みを入れておくといいのか。ＡＩなのか、部屋の構造なのか、これを入れると今までになく人がちゃんとつながるという、そういうアイデアがいくつか出てくると新しい設計原理になると思います。

熊野──単なるマンションのリーディングカンパニーではなく、コミュニティのリーディングカンパニー、文化のリーディングカンパニーにならないといけませんね。集合住宅からコミュニティ、文化に至って、はては人間の生きる目的まで考えられると、これから来る高齢化社会をどういうふうにデザインすればよいか、堂々と語れるようになる気がします。

第3章

未来の生活ストーリー

この章では、ミーティングの半ばに行った、それぞれが思い描く未来の生活のプレゼンテーションを収録する。発想の方法は異なるが、各自がチームを構成して、人とつながるどんなマンションを作りたいのか、どんなハードとソフトが必要であるか、新しい価値をどう生み出すのか、チームの中で議論して、非常に具体的なイメージに落とし込んでいる。

未来の生活をありありと思い浮かべてもらえることができるはずである。

これまで重ねてきた議論が、どのような価値を社会に提供するのか、社会をどう変えていくのか、そうした視点で考えられた4つの案である。

未来の住まい「シェアタウン」―― 石黒浩

私が考えるのは次のような要件を満たす「シェアタウン」と呼ぶ、賃貸マンションです。

◎部屋だけではなく、コミュニティに価値をつけて販売する賃貸マンション。賃貸にする理由はコミュニティを維持するため。コミュニティの維持には、管理規則を設ける必要があり、その規則に同意する人のみに賃貸として提供する。また賃貸であれば、定期的に大規模なメンテナンスも行える。

◎賃貸であるが、住む権利を売る。部屋を売るのではなく、ゴルフの会員権のように住む権利を売る。これによって、賃貸ではあるが投資価値を持たせ、プレミアムをつける。このことによって、その賃貸マンションを大事に使う利用者が集まる。

◎全ての年齢層が入居できるように、世代ごとに好まれる部屋を準備する。

◎屋内外の共有スペースを広くとり、敷地は完全に仕切らない。田舎の暮らしのように、ほどよくプライバシーが守られながらも、簡単に交流できるようにする。すなわち、同じマンションに住む人との交流を拒まない人に入居してもらう（拒む人には入居してもらわない）。

◎人間の生きる目的は人から隔離されて孤独に生きることではなく、人と交流しながら、社会において生きがいを見つけることにある。人との交流が生まれる仕組みを持つマンションにする。

◎他人からの隔離を目的にしたマンションから、社会の一員として、人間らしく生きるためのマンションにする。隔離個室の集合としてのマンションから、コミュニティとしてのマンションへと進化させる。コミュニティマンション。

シェアハウスとは違い、シェアタウンは一つの街のようなマンションです。その魅力はコミュニティの文化にあり、賃貸にする理由は、立地といった不動産ではなく、コミュニティに価値をつけて販売するためです。コミュニティを維持するには、管理規則を設ける必要があり、規則を受け入れる人のみに賃貸として提供します。

例えばゴルフ会員権のように、投資価値を持たせてプレミアムをつけていくというふうにすれば、賃貸マンションも大事にされていく気がします。そんな新しい商品は必ず作れるはずです。

そしてそれは次の要件を満たす、全ての年齢層が入居する「コミュニティマンション」になります。

◎全ての年齢層が入居しており、子供から高齢者まで交流できるマンション。マンション全体が、かつての田舎の村のように人々が密に結びついた社会になっている。マンション全体で、様々なコミュニケーションや助け合いが自然に生まれる。

◎保育園や病院や高齢者施設を併設し、マンションの住人が子育てや介護から解放されやすい環境を作る。子育てや介護に翻弄されては、自由な人生を送ることができないし、他人とコミュニケーションを深めることもできない。

全ての年齢層が入居できるように、世代ごとに好まれる部屋が用意されている。高齢化が進む中、世代の流動性をどう高めていくのかというのが大きな課題です。

色々な世代が入れるというのがいいし、マンションの中でも世代交代を随時行っていくというのは、コミュニティを作る上で大事な方法です。

プライベートと公共性を両立させるために、次の要件を挙げたいと思います。

◎各マンションの部屋には、半分オープンな個人のスペースがついている。個人のスペースだがオープンなカフェのようなスペース。廊下から入ることができる。廊下を歩く人と交流できる。個人の部屋への入り口ではあるが、近隣住民と話をしたり、読書をするスペースにもなる。

◎半分オープンな個人の庭スペース、通路から庭に入ることができる。通路を歩く人と交流ができる。

屋内外の共有スペースを広くとって敷地は完全に仕切らない。程よくプライバシーが守られながらも、簡単に交流できるようにする。同じマンションに住む人との交流を拒まないような

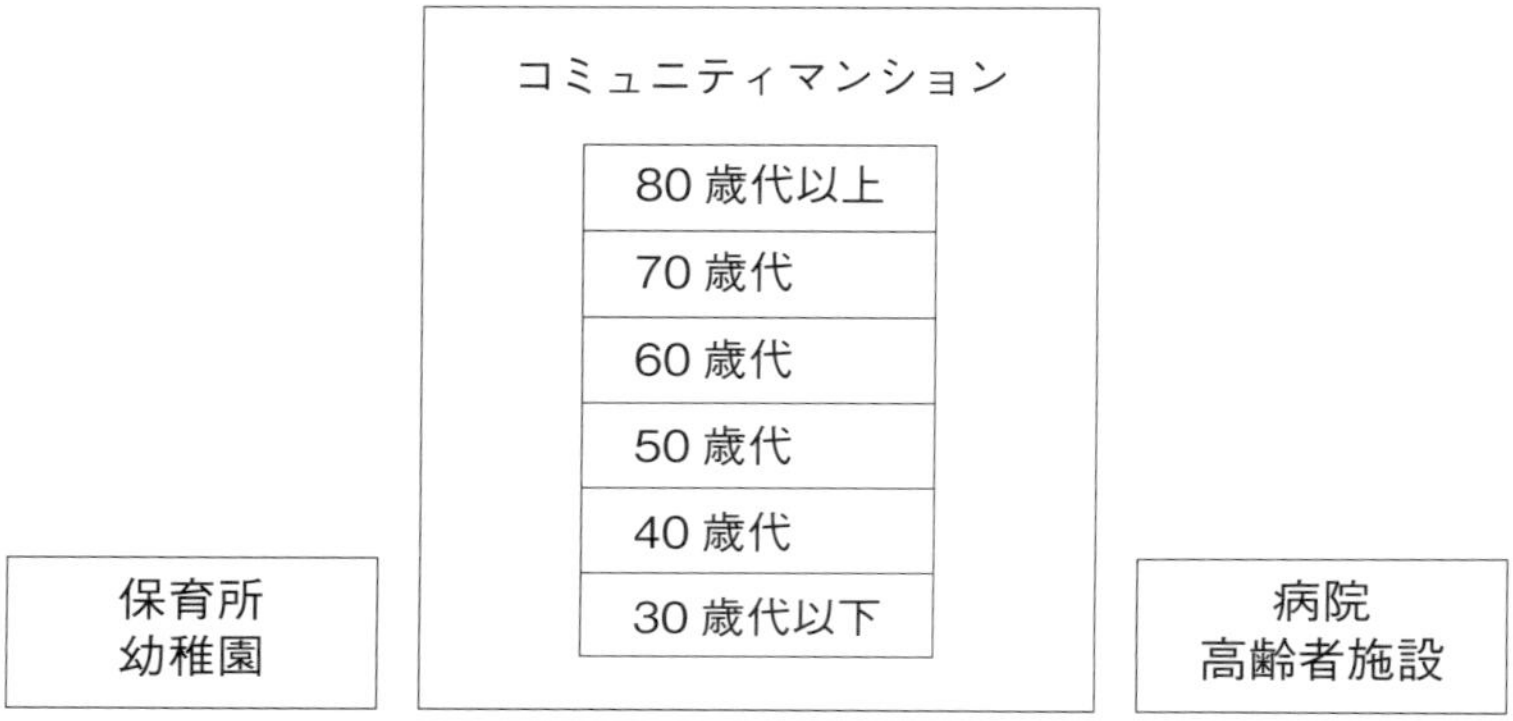

(図 1)コミュニティマンション

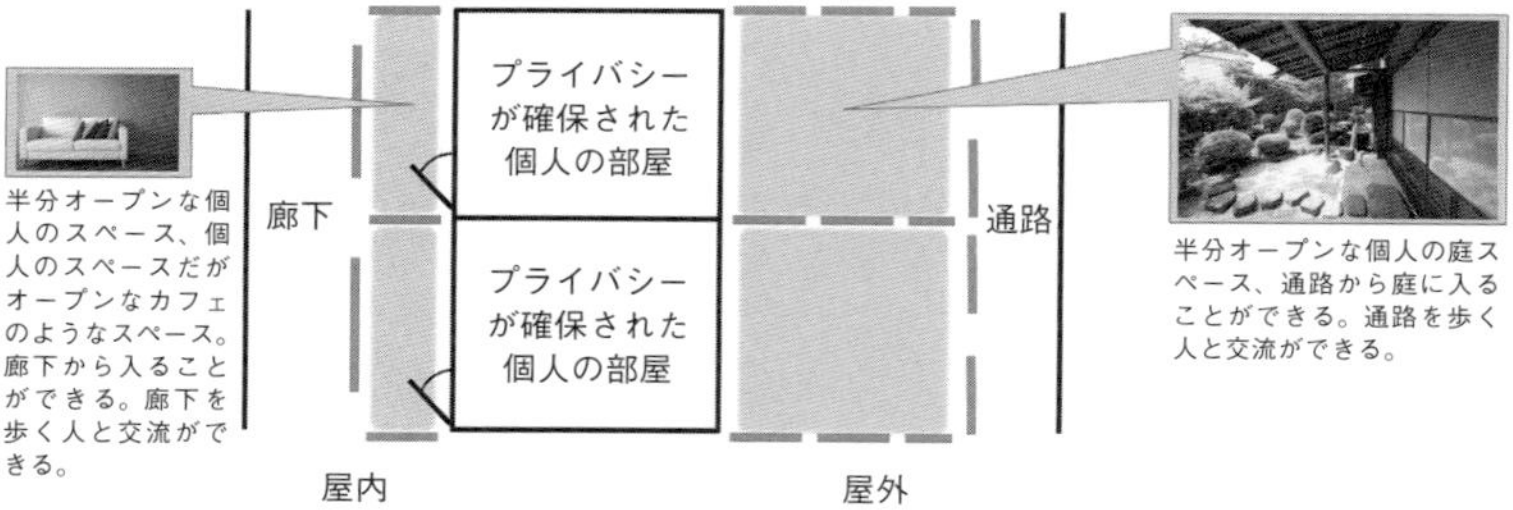

(図 2)プライバシーと公共スペース

人に入居してもらうのがいいですね。それぐらいにコミュニティを大事にできるといいなと思っています。

人は何のために生きているのか、その問いの答えが、人と関わるために生きているというのは間違いないと思います。人のつながりがないマンションばかり増えていくと、10年、20年後が心配になります。人の価値観はどんどん変わっていくのだから、その価値観をいい方向で変えていける、皆がつながって暮らすという価値を重視することができる、コミュニティマンションのような選択肢が必要だと思います。

他人からの隔離を目的にしたマンションではなくて、社会の一員になって、人間らしく生きるためのマンションが必要です。隔離個室の集合体としてのマンションから、コミュニティを作れるようなコミュニティマンションになる。そんな明確なコンセプトを持つマンションがあってもいいんじゃないでしょうか。

それには、全ての年齢層が入居していることが大事です。

すでに長谷工コーポレーションがやられているように、高齢者の住む所の近くに幼稚園などの、若い人たちが通ってくるような場所を作ったり、マンション自体がかつての田舎の村のような人間関係が密な社会になっているイメージです。様々なコミュニケーションや、助け合いが自然に生まれるようになってほしいと思います。これからは様々なコミュニケーション技術が利用可能になりますし、アバターの技術もあるので、もっと多様な助け合い方が生まれるはずです。

また、子育てや介護についても物理的な仕組みだけではなく、コミュニティが見守る文化のようなソフトウェア的な仕組みを作ることができたら、みんな入りたがるだろうなと思います。プライバシーと公共性を両立させるには、どんな部屋を作ればいいのか考えてみました（図2）。それぞれの部屋には半分オープンな個人スペースがついています。プライバシーをしっかり守る場所とちょっと外から覗ける庭のような場所があり、庭に面したデッキ（縁側）に座っていると外から声をかけてもらえるとか、玄関を出た廊下にもソファーみたいなのがあって、みんながそこでお喋りできたりします。田舎町のバス停でおじいちゃんおばあちゃんがベンチに座って話している感じでしょうか。あえて半オープンな個人の「庭スペース」みたいなものがあると、ずいぶんコミュニケーションが進むだろうなと思います。

◎屋内の廊下に面した公共スペースは、マンション全体でオープンカフェのような雰囲気になっている。オープンカフェの指定席を各部屋が持っているような感じ。
◎屋外の通路に面した庭スペースは、マンション全体で庭園を形成している。皆がそれぞれ勝手に庭園を汚すことなく、庭園を共有しながら綺麗に使うようになる。田舎の村全体で、綺麗な村を作っているような感じで。もちろん専門の管理業者が定期的に管理する。
◎ここで重要なのは、和の文化に根づいた環境作りをすること。自分たちの生まれ育った文化を維持す

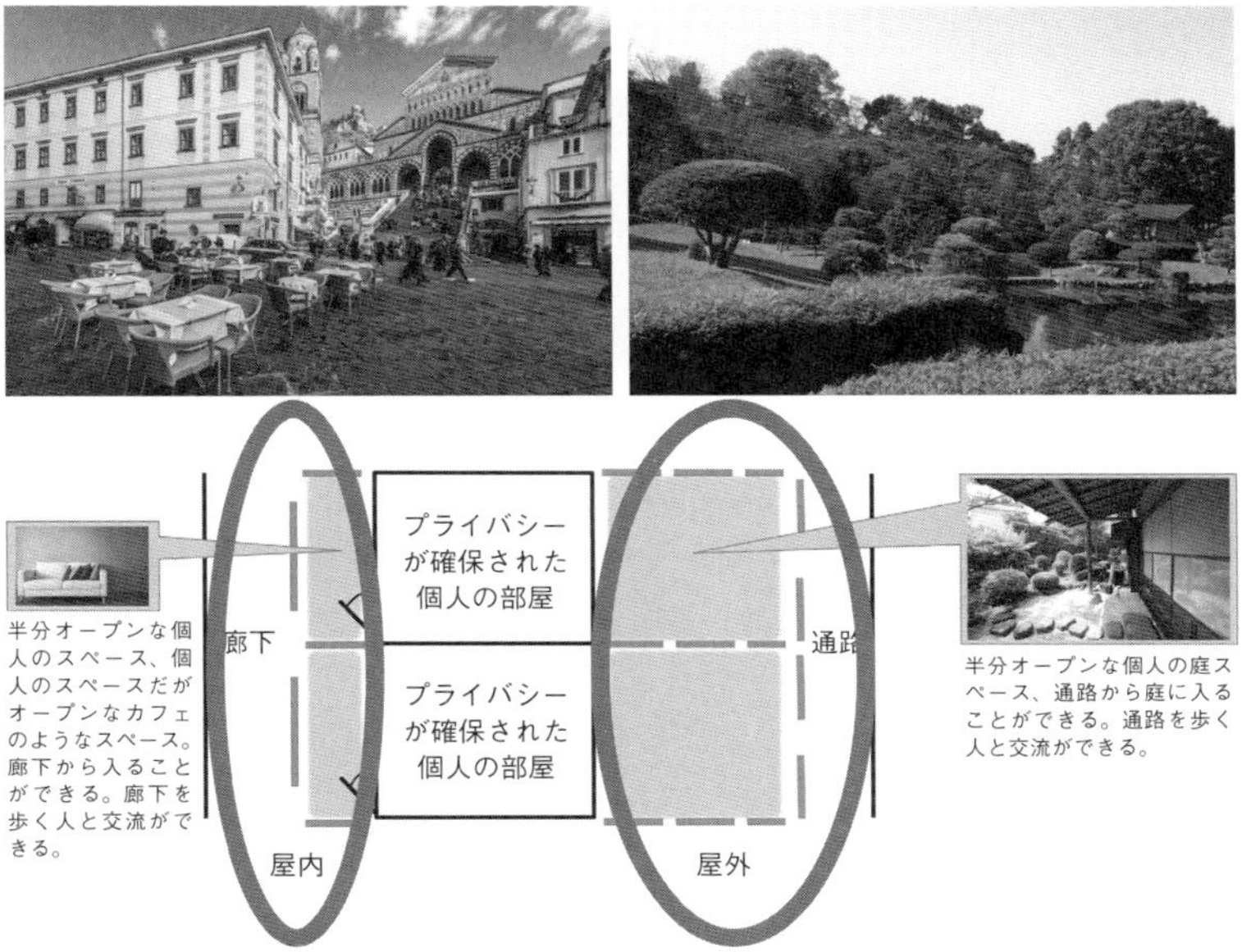

(図3)パブリックスペースが家を囲む

るためなら、住人は協力的になる。

これは私のイメージですけど（図3）、右側・楕円で囲った部分が庭を介して交流するエリア、左の楕円、玄関を出た廊下側にはベンチがあります。オープンカフェみたいな感じで、みんなそれぞれ自分の家からお茶を持ってきて飲んでいたりする。そして、通りがかった人が声をかけあうような、そんな雰囲気がよさそうです。

また部屋の反対側は、それぞれの庭がつながっているので、右側の通路を歩いていると、広い庭園の中を散策しているようで、みんなで綺麗にしようという意識が高まるのではないでしょうか。庭を綺麗に使うという規約を作るのは大事です。みんなで一緒に街を作ろうという強い意識を持っているというのが、このマンションの特徴であり魅力になります。

私がこのシェアタウンを考えるようになった前提、問題意識には、次のようなものがありました。

◎若者はシェアハウスを好み、高齢者はマンション型の高齢者施設に入居する。家賃を安くするためだったり、体の不自由さに備えるためであるが、若者と高齢者の間の人々は、そのような環境を求めていないだろうか？

◎どの年代層においても、人が求めるのは人のつながりであり、未来社会においては、誰もが互いにつながれる新しい街の形を作っていく必要がある。特に人口が減少する日本の未来では、新しい家族の形、新しい街の形を作る必要がある。

◎これまでのマンションは、誰もクレームを言わないための個人毎に隔離されたマンションだった。多くの労働者を確保する必要があった時代はそれでよかったが、これからの人口減少時代に求められるのは、人がつながり、人が本来の生き方を取り戻すマンションである。

これから人口が減少していく日本の社会では、新しい形の家族や街のあり方を考えていかないといけないと思います。今までのマンションはとにかくクレームに対応した完全隔離のマンションでした。大量供給の時代ではそれでよかったけれども、人のつながりや文化が求められるようになった時、どういうタイプのマンションを提供できるのかというのが大事です。

シェアタウンでの暮らし方は次の要件を満たす必要があります。

◎シェアタウンでは、住人の相互のつながりを強化する一方で、個人毎のプライバシーもより尊重する。

最後に、シェアタウンでの生活がどんなものであるのか、多様なバリエーションが考えられますが、二つの例をストーリーにしてみました。

シェアタウンでの暮らしのストーリー（1）

シェアタウンに興味を持った30代男女のカップルが、入居を希望してきた。それぞれに仕事をして、それぞれ賃貸マンションに入居できる十分な収入がある。

二人が興味を持ったのは、隣り合う部屋に住みながら、必要な時に専用の扉で行き交うことができる、二つ並んだ部屋である。それぞれに仕事があるので、常に一緒にいると、互いに迷惑をかけることもある。食事の時間もいつも同じになるわけではない。故に、二人は、プライバシーを互いに重視しながら、必要な時には自由に会える、隣り合う部屋を選んだ。

シェアタウンにはコンシェルジュがいる。コンシェルジュはアバターであったり、実際の人であったりするが、大抵はアバターである。アバターであれば、その操作をするコンシェルジュ本人はどこからでも、何時でも働くことができる。

コンシェルジュの役割は、いわゆる町内会の会長のようなものであり、また民生委員のようなものである。住人と毎日話しながら、シェアタウンの雰囲気を作っていく。

また、シェアタウンは、公共のスペースが非常に広い賃貸マンションでもある。オープンカフェのようなスペースや広い庭園を入居者全員で共有している（大半は、個人毎の部屋に割り当てられているが自由に出入りできる）。それらの公共のスペースも、コンシェルジュによって管理され、常に綺麗に維持されている。

この共有スペースの雰囲気は、カフェや公園そのもので、皆が自由に交流できる雰囲気になっている。住人は時にお茶を飲んだり食事をしたりして交流している。

またシェアタウンは、エコにも非常に力を入れている。入居者全員が公共のスペースを維持しながら、その維持のためにエコにも気を配る。シェアタウンの建物の屋上や外壁には太陽電池が設置され、災害時にも皆が多少我慢し合えば、問題なく暮らせるようになっている。多様な年齢層にわけて入居者を選んでいる理由の一つはここにある。同じような年代や価値観の人間が集まると、同じような欲求を持ち、助け合うことが難しくなるが、シェアタウンでは多様な年齢層が自然に助け合えるようになっている。

シェアタウンへの入居の一つの条件として、SNSがある。SNSであらゆる情報が共有される。そのSNSをもとに、住人が自由につながれるようになっている。またコンシェルジュが様々な形で住人のつながりを増やすサービスを行う。高齢者の部屋には、タブレットが設置され、常にSNSの内容が表示されるようになっている。

新しく入居してきた二人は、ＳＮＳにも慣れており、シェアハウスの経験もあるので、すぐにこのシステムになじみ、多くの友人をシェアタウンの中に作ることができた。

シェアタウンの中には幾つか完全な共有スペースがある。そこはコンビニであったり、カフェだったり、バーだったりする。大抵の機能が揃っている。ちょうどイートインのあるコンビニのようなスペースである。そこにもアバターのコンシェルジュがいる。

そしてこのスペースはアバターを用いて24時間営業されている。入居してきた二人は時に仕事が深夜にまで及ぶことがある。しかしそういった場合でも、シェアタウンのバーは開いていて、一息つくことができる。いつ帰っても誰かが迎えてくれる、そんなマンションになっている。また、夜遅く住人同士でバーで話をすることもできる。

シェアタウンの暮らしのストーリー（２）

何時でも誰かが迎えてくれる。そこに住んでいるだけで人とのつながりができる。でも一方で個人のプライバシーも守られている。それがシェアタウンである。

何年か暮らして、二人に子供ができた。子供は近くの保育園に預けながら、二人はそれぞれの仕事をしている。時には、シェアタウンの中の高齢者が子供の面倒を見てくれることもある。色んな年代層が集まるシェアタウンだからこそできる人のつながりである。また問題が起きてもすぐに、コンシェルジュをアバターで呼び出すことができ、相談できる。

これからの街に重要なのは、このコンシェルジュである。かつての大家族では、父親がその役割を果たしていたが、これからの未来では、コンシェルジュがその役割をはたし、コンシェルジュがマンションの大きな付加価値になる。マンションの構造だけでなく、そこでのルールや、そこで受けられるコンシェルジュサービスがマンションの価値を高めていく。そしてこれが、住む権利を売るということにつながる。

人間にとって、人間らしく住み、生きるということは非常に重要である。近年カウンセリング業が増えてきているが、最も根本的なカウンセリング業の一つが、マンションのコンシェルジュになる。自分の生活の質を保証してくれるコンシェルジュこそ、誰もが必要とするカウンセラーである。

二人の子供が大きくなると、広めの部屋が必要になる。そのため、二人は子供のためにシェアタウン内にもう一つ別の部屋を借りることにした。子供もプライベートな空間を持ちながら、必要な時に親と交流をすることができる。子供の教育で難しいのは、核家族に閉じて教育をすると、非常に偏った教育になることである。様々な人々と交流できるシェアタウンのなかで、自立した生活をさせることで、子供は高い社会性を早くに身につけることができ、様々な問題に自らの判断でチャレンジできるようになる。

さらに子供が成長すると、子供は二人のもとを離れていく。二人は子供のために借りていた部屋を解約する。ただ、それで寂しくなるわけではない。シェアタウンには、他にも子供が住んでいて、時折そうした子供たちと交流することができる。

二人はそれぞれに成功し、蓄えが増えたが、シェアタウンを出ようとはしない。それが自分のふるさとであり、一番落ち着く場所となっているからである。元のシェアタウンを維持しながら、旅行をしたり、趣味のための別荘を持ったりして活動の幅を拡げている。

「循環型サークルタウンハウス」── 大西広望

先生の「シェアタウン」の内容を伺って、立地ではなくコミュニティの価値を重視する点など、私もまったく同感でした。プライバシーと公共性の関係も非常に大事と感じます。

ミーティングが始まった時から、未来の住まいの中に循環するものがあるといいなと思っていました。1世代で役割を終えていくのではなく、100年、3世代の文化が継承されていく住宅です。おじいちゃん、おばあちゃん世代がいなくなっても、ロボット技術を用いることで、価値観や文化が継承されていく。世代が循環していくような住宅です。これをコミュニティや地域ぐるみで実現させるには、1000～2000戸ぐらいの規模のマンションがよいのではないか、そんな話をさせてもらったと思います。

このミーティングに参加して、今の若い人が考えていることや、どんな未来像を持っているか、ヒアリングしてみました。それを手がかりに考えたのが「循環型サークルタウンハウス」です。4つのチャプターに分けて説明します。

［意見の分類］(図1)

お金	• 住宅ローンを組まない住まい • 年収にあった家への投資 • 養育費・学費の軽減　相続、贈与の負担減
健康	• 家で過ごす時間を優先　ストレスのかからない環境 • 初期医療の充実と健康志向の両立 • 高度高額医療への備え
社会	• 生涯自立生活を目指す　未来に負担をかけない社会 • 若者にメリットのある社会環境 • 中間層に空洞ができない世代構成

チャプター1　若者が考える未来像

◎物価が高く貯金が増えない
◎仕事と子育ての両立が出来るか心配
◎働き手世代が家にいる時間が少ない
◎子育てが終わると同時に介護が始まる
◎マンションの価格と年収があっていない
◎同じマンションでも年代別の価格差があってもよいのでは
◎単身者は住宅に価値を求めていない（疲れて寝るだけの箱のよう）
◎結婚が前提の必要があるのか（パートナー制度構想）
◎しかしながら子供は欲しい
◎若者のための社会ではない気がする
◎高齢になり認知症になるのが怖い

こんな20代から30代の声がありました。どんな世代にも不安の種はあるわけですが、今の若者が金銭的価値観ではなく独自の価値観にウエイトを置いている気がしました。例えばシェア

［未来への構想］(図２)

お金	• 住宅を購入するのでなく住む権利を買う街つくり • 単身、若年層〜高齢層の幅で同じ条件でありながら価格差を設定 • 教育・養育は通うのでなくタウン内で経験者が教え手として担う
健康	• 通勤の概念を払拭　家にいながら事業活動をする（心のゆとり） • 住人は体調管理ソフトで管理し薬に頼らない健康プログラムを実践 • AIを駆使した遠隔診療、遠隔手術ができる施設をもつ
社会	• 準高齢者、高齢者と子供が触れ合う街つくり　活力の維持 • 街独自の若手への補助　税軽減 • 年代空洞ができないルールをあらかじめ設定

ハウスのように、部屋ではなく人のつながりが大事という価値観です。彼らの色々な意見を「お金」「健康」「社会」に分類してみました（図1）。

ここにあるキーワードは、どれも生活する上で非常に現実的で、社会全体の課題とも言えそうです。これらを解決する住まいを作ることができたら、若者はもっと自分自身の未来像を自由に描けるのではないかと思います。

チャプター2　循環型サークルタウンハウス

「循環型サークルタウンハウス」の構想を、先の分類カテゴリーにまとめました（図2）。それを形にしたものが（図3）です。タウンの中心のパブリック空間をドーナツ状に各世代が囲んでいます。1000〜2000戸、5000人から8000人くらい規模のマンションで一つの街として世代が回転していくイメージです。

若い人の話を聞いていると、価値観を共にする小さいコミュニティが沢山できていくというのが次のフェーズと感じます。今までは大きい街の中に核家族や個人がいたわけですけど、コミュニティを小さくしながら、つながりを深くして、シェアタウンと同様に小さい村で暮らしている感覚です。

新しいビジネスやサービスも生まれるはずだし、世代が一巡した時には大きな価値を持つ街

［住まいの循環］各エリアを移動していく住まい（図3）

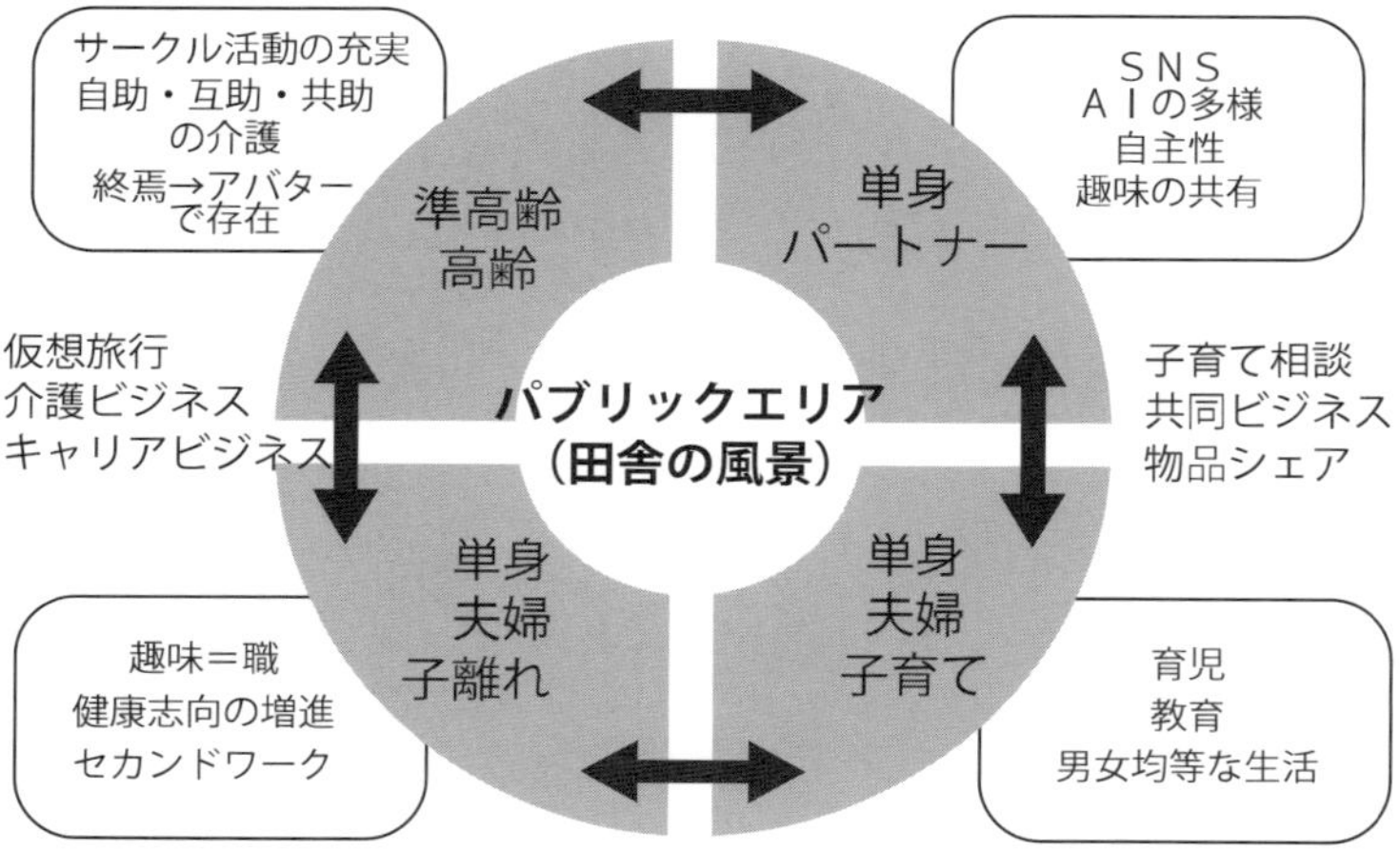

になっている。時代は通勤・通学からオンラインが主流になり、住まいの存在感が高まっていきます。心のゆとりが増え、趣味の幅も拡がるかもしれません。これからの住まい方は「楽しみながら生きる」が最も大事な価値になるのではないでしょうか。

チャプター3　生み出される価値と創造

タウン内には各年代の集合体で構成されたさまざまなコミュニティがあり、それぞれ独自の能力であふれています。それを活かすためにも、タウン内で必要な事業ができるような施設を作っておく必要があります。身近なところから事業を始めることができるわけです。タウン内で色々な事業が生まれてきたら、企業の誘致や政策などに頼らない独自の街づくりができそうです。

若者だけではなく、私などの50代〜60代もそうですけれども、持っている技術は当然あるだろうし、それも受け継いでいくのも価値の一つだと思います。タウンというハードと価値創造というソフトが融合していくような住まいが望ましいと思います。

価値が高まればクラウドファンディングという手法もより効果的でしょうし、タウン内での仮想通貨みたいな展開もあるかもしれません。ロボットアバターが各戸に訪問したり、夜中に集まっておしゃべりしたり、カウンセリングなども可能にする。随所にロボット技術を取り入れていることで、新しいコミュニケーション空間が生まれます。

リサイクル、リユースなど再資源化に取り組むのも必要です。当然、自然との関わりは非常に大事です。落ち葉が土に落ちて養分となり、そこで育った木々が人々に豊かさを与え朽ち果てもまた再生していく。これは人間だけではできないことなので、我々にとって一番偉大な教師というのは自然なのかなと思います。そういう意味で、この街も自然の循環の中に入っているようなイメージをしています。自給自足も含め自然の力を借りて生きていく、人間再生タウンとも言える街にしていく。街自体が「文化」であると言えるようにしたいですね。

チャプター4　文化としてのタウン憲章

当然ながら無作為、無造作では「循環」は生まれないし、世代の空洞化につながります。そのための仕組みやルールは必要ですが、その入口として、「タウン憲章」のようなものがあればいいと思います。法律みたいな条文で行動を縛るのではなく、理念をうたうもので、街自体が文化であるということが端的に表現されるといいと思います。

そもそも、文化とは何かについて。本来の意味を知ろうと私が参照した資料の中に、以下のような定義がありました。

〈文化とは、複数名により構成される社会の中で共有される考え方や価値基準の体系のことである。簡単にいうと、ある集団が持つ固有の様式のことである。文化の語は、英語のculture の訳語として明治時代頃から使用された言葉であり、英語のcultureには、「文化」の他に「訓練」、「養殖」、「栽培」という意味もある。その意味の多様さから、文化という言葉はその文脈により様々に定義される。

英語のcultureの語源はラテン語のcoloreである。coloreは、「耕す」、「住む」、「崇拝する」等の意味を持っていた。「耕す」とは、植物の自然な生育環境を改変し、人間の生活に役立つようにすることであると言える。つまり、cultureとは、自然な状態にあるものを人間の思考や生活に従わせることである。このことから、cultureの対立概念として、「自然」という言葉を想定することができる。

文化とは、人間により創造されたもの、人工物であり、その社会において後天的に学ぶべきもの全般のことであると言える。そのような意味で、文化の種類としては言語、宗教、音楽、料理、絵画、哲学、文学、ファッション、法律などが挙げられる〉

（実用日本語表現辞典より）

文化というと今の我々は音楽や文学といったものを連想しますが、元々は自然との関わりの中で生まれたものだったと思います。自然の循環の中にある街には、どのような憲章が必要なのでしょうか。

例えば国連の基本文書である「国際連合憲章」は、主権平等から武力行使の禁止にいたるまで、国際関係の原則を成文化しています。

「寛容を実行し、且つ、善良な隣人として互に平和に生活し、国際の平和及び安全を維持するためにわれらの力を合わせ、共同の利益の場合を除く外は武力を用いないことを原則の受諾と方法の設定によって確保し、すべての人民の経済的及び社会的発達を促進するために国際機構を用いることを決意して、これらの目的を達成するために、われらの努力を結集することに決定した」（国際連合憲章前文）

ここにはやはり我々の価値の根幹、絶対に外せないものが記されていると思います。未来の「タウン憲章」を定めるにあたり、文化や価値の意味を改めて確認する時代が到来したのではないかと思います。

「サブスクリプションヴィレッジ」―― 堀井規男

私がこれから発表する提案のブレストのメンバーは、私を含む50代から下は20代で、男女比も半々くらいです。世代や職種によって考えていることは違うだろうし、バラエティ豊富なメンバーでやりました。

これまでミーティングの中で出てきたキーワードや、それ以外の私が思う未来の住まいを考える時のキーワードを、ダイヤグラムにまとめました（図1）。矢印は時間の流れで、それに沿ってキーワードが変化しています。私の頭の中を図にするとこんな感じになるわけです。

これをベースにディスカッションをしましたけれども、世代差や男女差があるので、多種多様な意見が出てくるのかな、と思っていました。ところが話していると、近しいことをみんなが思っているというのが、逆に新鮮な発見でした。私の思っていることと20代女性が考えていることは、そんなに遠くなかったのです。

ただ一点、もやもやしたままディスカッションが終わってしまったのが、SNSをめぐる議論でした。コミュニティの話の中で、いまSNSがすごく広まっていて、みんながSNSでつながりたがっているというふうに、20代の人が言うわけです。一方一人の時間も大切だとも言っていて、つながりたいのかつながりたくないのかよくわからない。私自身、特段発信する

未来予想キーワードダイヤグラム（図 1）

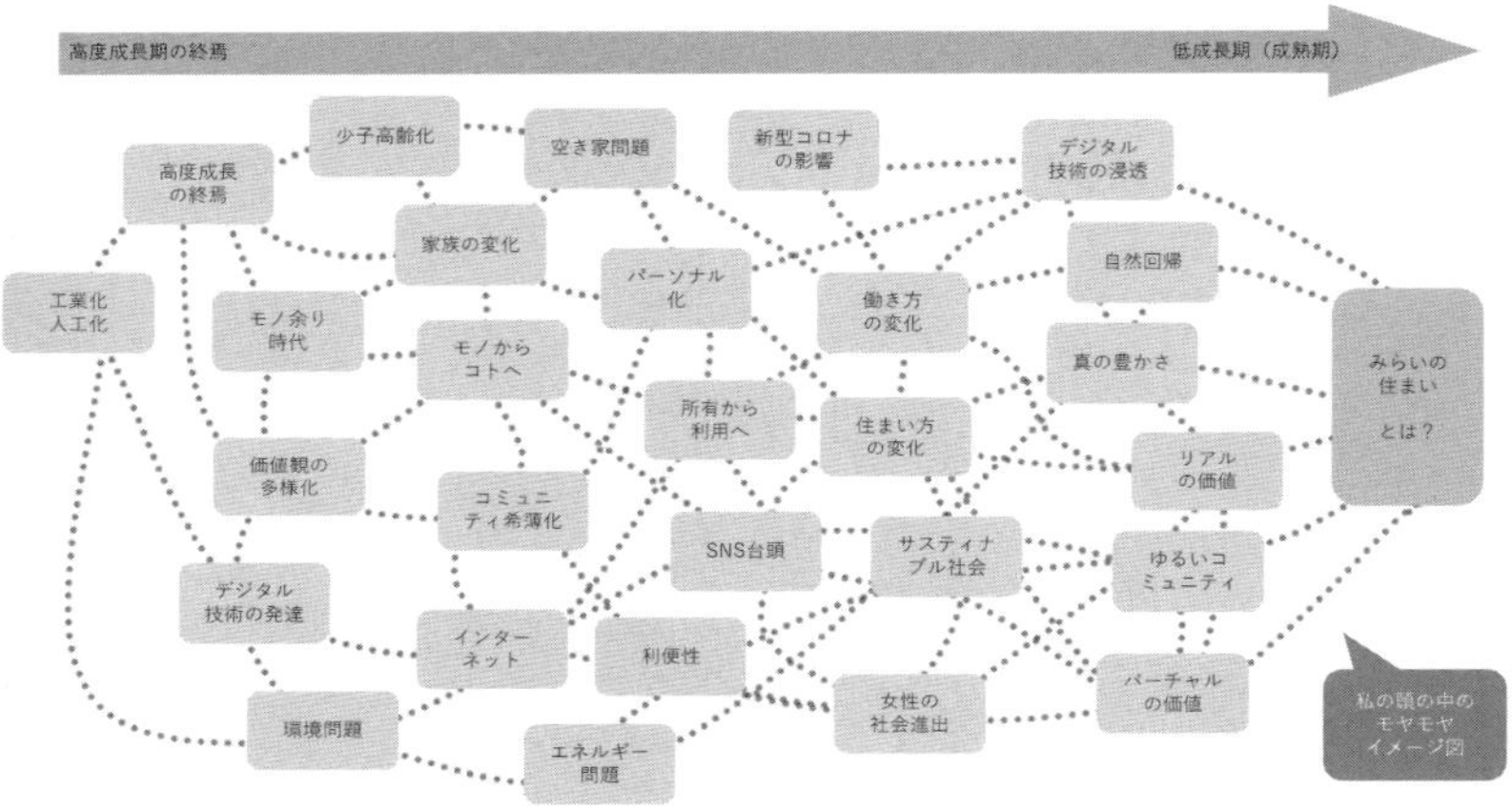

ものもないのであまりＳＮＳは使いませんし、逆にＳＮＳのつながりが煩わしくも感じる。世代によって「つながりたり度」が違うのかなというのが、その時に感じた印象でした。

年の暮れにそんなディスカッションをして、もやもやを抱えながら迎えた正月、新聞に霊長類学者・山極寿一《やまぎわじゅいち》（１９５２〜）先生の記事があって、読んでいたら頭の中のもやもやがあまりにもスパッと書かれていたんです。（朝日新聞２０２３年1月6日）

山極先生が仰るのは、そもそも動物は「他者とつながりながら生きている」ということでした。石黒先生の「生きる目的」の話と同じで、そういうものなんだと。人間は経済効率を優先させるあまり、どんどんコミュニケーションが減り行き詰まっている。そういう時代が、今なんだというわけです。「人類が古来から集い、社会を形成する上で必要としてきた他者とのコミュニケーションによる『自然な時間』が減り、産業革命以降時間効率を重視し、コミュニケーションを放棄、生産性を追求した『工業的な時間』が増えてきた」（記事より）

現代の人間の場合、つながりを「情報化」してしまったため、みんなが不安を抱えている、というふうに解釈しました。

「農耕牧畜が始まって、定住と所有、貯蓄が生まれ、人間が強者弱者をつくっていがみ合っている」という指摘があり、それをいったん放棄して、シェアとコモン、共有と共有財が拡大すれば共助の時代になると。これもまさに今、時代がそういう方向にシフトしていると感じています。

未来の暮らし（未来の社会）構成イメージ（図2）

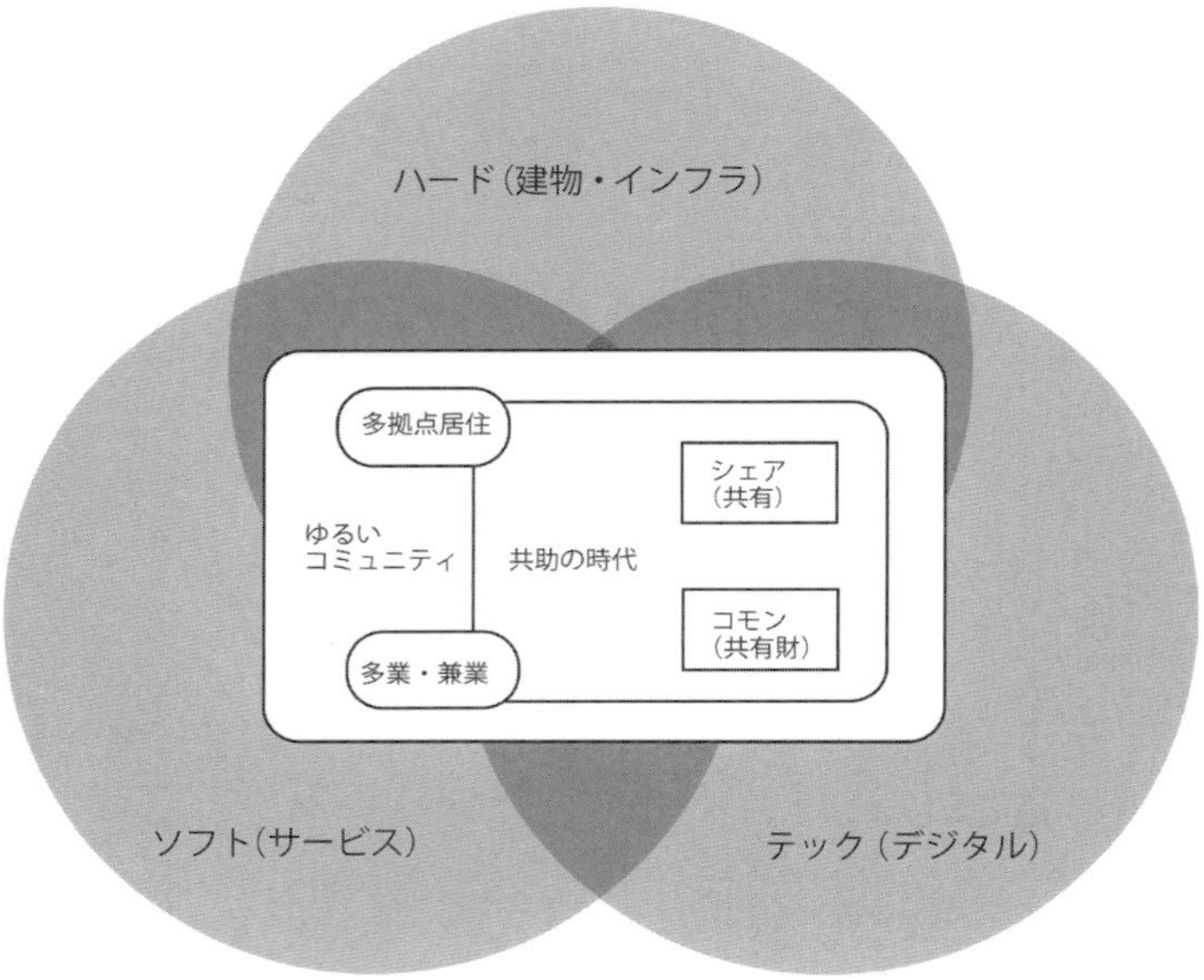

情報に頼って生きていて、情緒的な社会性が鈍くなっているというのは、私自身実感するところです。核家族化が進み、生のコミュニケーションが希薄になってきた現代で育ってきた若者は、地縁や血縁など旧来の縁が希薄化し、それを補うためにSNSなどでつながることでアイデンティティを保っているのではないかと思いました。

「ゴリラや狩猟採集民のように動けばよい。多拠点居住、そして『多業・兼業』です。ひとつの職業で満足な収入は得られないかもしれないから。小さなコミュニティーに属しながら、そこを渡り歩きながら、新たな自分を発見していく。そこにこそ新たな発見が生まれていく。低成長期に目指すのはこういう社会です。若い人はもう実践しています」（山極先生の記事より）

多拠点居住や「多業」、「兼業」がポイントになるというのは、私も前々から思っていたことです。低成長なので、あまり稼げなくなるので兼業みたいなものが必要になってくるんじゃないか。住む場所が一ヵ所である必要もなくなり、流動化していくのかなと思っていたわけです。一番最後の、「若い人はもう実践しています」に一番ピンときました。だから何となく今の若い人達はSNSを駆使するし、あまり所有にもこだわらない。若い人は意識することなく、現代にふさわしい生き方を始めているのだと感じました。

未来の暮らしや社会の構成イメージについて、概念図を描きました（図2）。これまで議論にもたびたび出てきましたけれども、ハード（建物やインフラ）だけ整備してもコミュニティは生まれないし、そこにソフト（サービス）がしっかりついていないと難しい。さらにそれを支えるテック（デジタル）が噛み合った社会の構成があって、その中の「ゆるい」コミュニティを渡り歩くみたいな形がこれからの生き方、暮らし方なのではないかと。

未来の住まいは「多拠点」「多業」、「兼業」といったニーズ、価値観に呼応するものだと思いました。その形態は、「所有」、「賃貸」、「シェア」に分かれて、それぞれが進化をしていくと思います。次はより具体的に未来の住まいの考察をしたものです（図3）。

未来の住まい考察

◎住まいの形態は「所有」、「賃貸」、「共有（シェア）」の3つに分かれ、それぞれ進化する
◎3つの住まいの形態に上下・前後の関係はなく、同等かつ別の価値のものになる
◎人々はそれぞれの価値観やライフステージ、ライフスタイルなどによりこの3つを渡り歩く
◎いずれの形態もハード（建物）に加えて、ソフトサービス、テックの要素の重要性が増す
◎ハードはスクラップ&ビルドからサスティナブル利用にシフト、ソフトサービスはサブスク化する
◎暮らしのスタイルは家族の単位から個人の単位にシフトし、それに呼応した住まいが求めれる
◎コミュニティの重要性が増し、新しい時代のコミュニティに紐づいた住まいが求められる
◎住戸プラン、デザインは、よりパーソナルな要求に対応できるものが求められる

未来の住まい考察（図3）

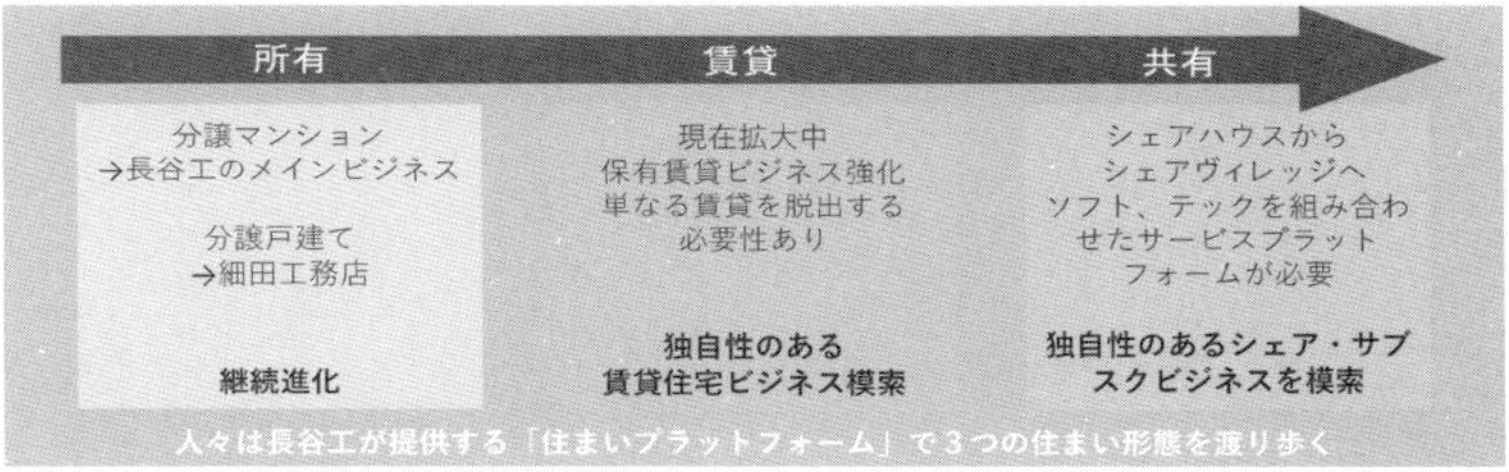

所有
賃貸
共有
分譲マンション
→長谷工のメインビジネス
分譲戸建て
→細田工務店
継続進化
現在拡大中
保有賃貸ビジネス強化
単なる賃貸を脱出する
必要性あり
独自性のある
賃貸住宅ビジネス模索
シェアハウスから
シェアヴィレッジへ
ソフト、テックを組み合わ
せたサービスプラット
フォームが必要
独自性のあるシェア・サブ
スクビジネスを模索
人々は長谷工が提供する「住まいプラットフォーム」で3つの住まい形態を渡り歩く

「住宅すごろく」という、賃貸から分譲マンション、最後は戸建てでみたいな話がありましたけど、そういうものはなくなって、上下とか前後の関係もなく、その時のライフスタイルや、個人の価値観に紐づいた個別かつ同等の価値のものになっていくのかなということです。

家族という単位がパーソナルな単位にシフトする中で、今は3LDKといった一つの住戸に家族で住んでいますけど、一部屋一部屋がより分離した構造の住宅も生まれています。プランやデザインもよりパーソナル化していくはずで、コミュニティの重要性が増してきます。新しい時代のコミュニティに紐づいた住まいが必要になるのかなということですね。

図の「所有」「賃貸」「共有」とある部分は、どうしても長谷工のビジネスに紐づけて考えてしまうわけですけれども、現在は一番左の所有分譲マンションをメインでやっています。これが右側にウエイトシフトしていくはずなので、我々もキャッチアップしていく必要があるのかなということころです。

次にメンバーの中の一つの意見を紹介したいと思います。

◎家族

「結婚・家族とは何か」と友達とよく話す。20代後半になり「結婚」というものは何か？　この答えがわからない人が圧倒的に増えている。恋人と同棲していると、「一緒に住む」ことは、「結婚して家族になる」という意味と異なる。もはや「家族になる」ということは「扶養に入る」ことでしかないのではないか。

◎生活

「家族」になったら「生活時間」を共有したい！
衣食住のうち、「衣・食」は生活を営むための時間である。
では、生活を共にする相手は家族と見なせるのではないか。
家族とは血縁関係や戸籍とは切り離された柔軟なものであってもよいのではないか。
社会的な「家族」の括《くく》りを広げる時代になりつつある。

◎ハコ

働く場所に縛られず生活する時代が来ている。住む場所も自由に選びたい。家族構成や生活スタイルの変化により、家族との距離感も変わる。必要な住居（ハコ）は継続的に変化する時代になっている。そんな中、少子高齢化・人口減少により、空き家問題にも拍車がかかる。そんな中、祖父の死による「実家を処分する」問題に直面。固定資産税等の問題により未だ手つかずの一家。もはや「不動産」を個人で所有するのは流行らないのではないか。

「家族」というのは、これは20代の女性の人ですけど、そもそも結婚とは何かという話で、結婚や家族の価値観が変わりつつあることがわかります。「生活」に関しては、血縁や戸籍で結ばれた関係でなくとも、一緒に生活していたら家族ではないかという話です。「ハコ」というのは、相続問題を機に持家が負の遺産になるような話で、同じような状況の人は非常に多いと思います。

住居（ハコ）はスケルトンのサブスクリプション時代に

◎「賃貸」「持家」という境界がなくなり、定額にて躯体のハコを借りるサブスクリプション
◎家族構成により借りるハコの数を選べる。家族構成によりハコのサイズや組み合わせを変えたプランとする。生活の変化により、都度必要なプランを選択する
◎大きな一つのハコの中にみんなで住むもよし、子供の反抗期の到来によりハコのサイズや数を変更するもよし
◎インフィルの部分のみ触る時代、「住居」に縛られない生活スタイルは家族や生活の変化に柔軟に対応できる
◎不動産を所有せず、住む拠点を増やす・移す
◎不動産を所持すると転居のハードルがかなり高い
◎住み手がいなくなった時の不動産処理、転出入等の住所変更でさえも正直めんどくささえも感じる

◎ハコサブスクの時代は、転出入届が不要で住所変更をデジタルに自動で行ってくれる。不動産を所持しないので身軽に生活拠点を変える・増やすことができる
◎ファミリープランやグループプラン等、家族という括りにこだわらず利用できる料金プランとし、いくつかのハコを複数人でシェアするという使い方もできる

スペースだけがあって、いかようにもカスタマイズできる、そこに住む権利だけを持っている、私も以前からそういうものが求められる時代だと思っていましたが、彼女の提案は正にそういうことです。

最後に、私は設計なので、ここまでのべてきたことをもう少し具体的な絵にしてみました(図4)。私の考える「サブスクリプションヴィレッジ」の概要図です。所有しない時代になってきた時、我々のビジネスはどうなっているんだろうという一つのシミュレーションです。

サブスクヴィレッジイメージ

◎スケルトンフレームで土地を立体化、事業運営者が床を権利化しサブスクで提供
◎事業運営者、利用権利者がB工事、C工事で自由に壁を立てて住宅を形成

※A工事、B工事、C工事とは「誰が業者を指定するか」「誰が費用を負担するか」「誰が工事を発注するか」についての工事区分

◎事業運営者がコミュニティ、ソフトサービスを提供

◎権利者は都市から地方まで全国のサブスクヴィレッジを渡り歩ける

例えば、今までは土地があって、家を建てるわけですが、サブスクヴィレッジではまず土地を立体化する。「建築する」というのは極論すると限られた地面を建築の床で立体化し価値向上しているわけです。ですからマンションを建設する代わりに土地をコンクリートの床で立体化し、その立体化した土地の利用権を使用者に渡す、という考え方はどうでしょうか。土地の上に高層の20階から30階の床を作ります。そのスペースを使う権利をサブスクで提供することができたら面白いと思いました。権利者が自由に壁をつくって、思い思いに部屋を作るわけです。個々がバラバラに作るので、変な隙間ができていたり、くっついていたり、それも魅力の1つになります。

大事なのは全体を運営する業者ですね。サービスが大事という話がありましたけど、私もまさにそう思っていて、それを仕掛けるコミュニティを後押しするような事業者とソフトが充実していると、いい街ができるのかなと思います。

サブスクヴィレッジイメージ（図4）

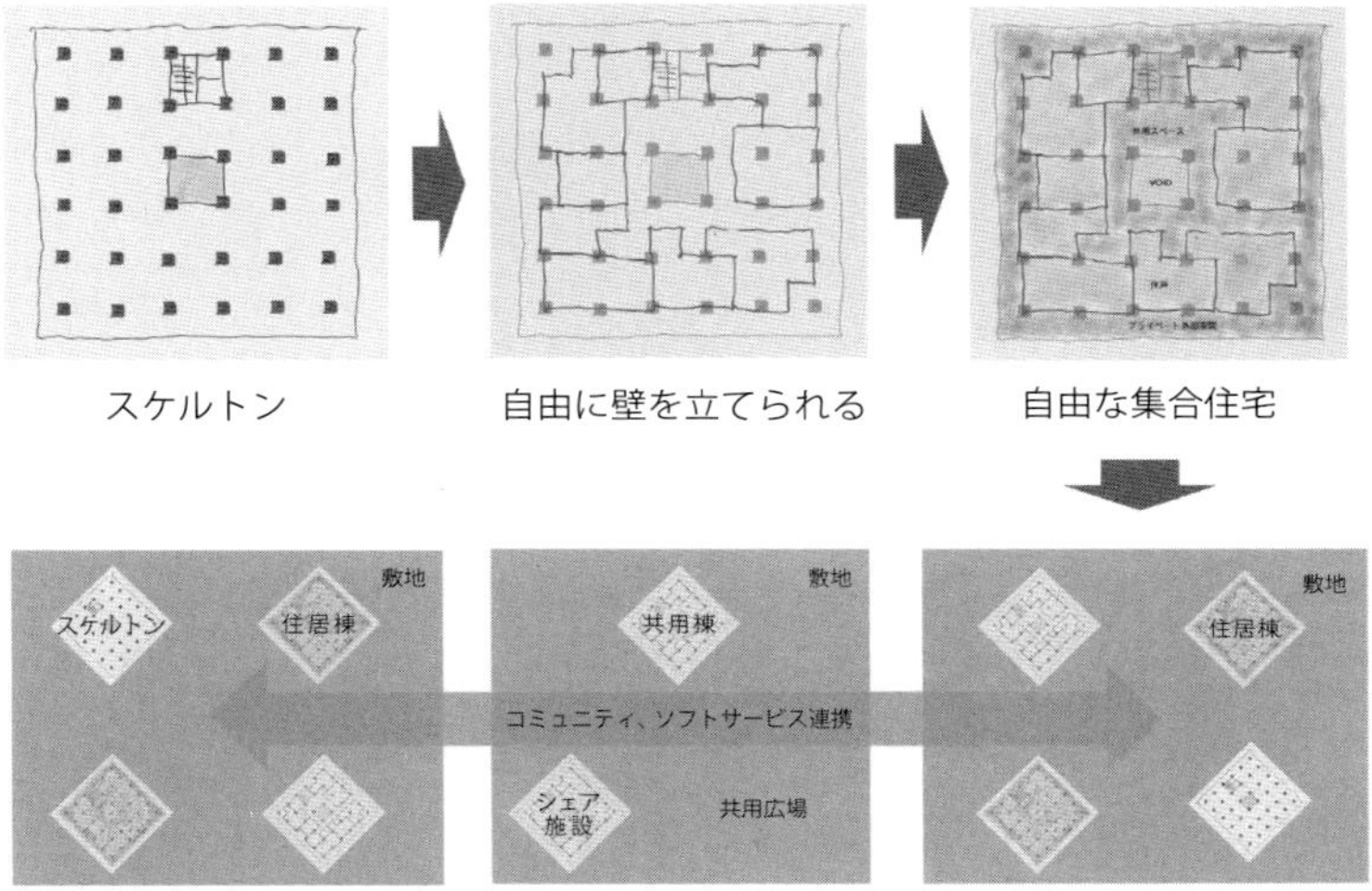

権利者は都市から地方まで全国のサブスクヴィレッジを渡り歩ける

「進化と回帰を両立する住まい」――熊野聡

貴重な機会なので、「住まいとは何か?」「人が住まいに求めるものとは?」という、本質的な問いから始めてみようと思います。

これは先生がロボットを考える時、「人間とは何か?」と仰っているのと同じですね。

テーマは15年後ということなので、2040年ぐらいの生活シーンを想定し、多様なメンバー4人で集まり、ディスカッションしました。

まとめあげるビジョンとしては「進化」と「回帰」。「進化」では、発達するテクノロジーに順応しながら〝自分らしく生きる〟ことを主眼にしています。

「回帰」は、便利になって失われつつある「人のぬくもり」や、先ほどから話に出ている「自然との共生」などの価値が再び見直されることを意味します。一見相異なる「進化」と「回帰」ですが、これらを両立させるんだというビジョンを打ち立てました。

舞台は2040年の社会と日本人、日本の住まいに限定しました。

検討プロセスとして、まず想像(図1)することから始めました。PEST分析(自社を取り巻く外部環境を4つの観点から分析し戦略を立てるためのフレームワーク)を用いて、日本の住ま

検討プロセス1　想像

未来の住まいの舞台となる2040年の社会と、日本人の価値観の変化を予測する

PEST分析で2040年の日本の「住まい」を取り巻く外部環境（図1）

政治（Politics）

- 地方過疎化・消滅都市問題が深刻化
- マンション建替促進法の内容充実
- ストック重視の住宅施策に進展
- 電子投票で直接民主主義になる
- 憲法改正で同性婚が認められる

経済（Economy）

- 金利引き上げ
- 防衛費増
- 既存インフラ改修コスト増
- シェアリングエコノミー拡大
- 格差社会は大きくは変わらない

社会（Society）

- **少子高齢化・人口減少**
- **平均寿命延伸**
- LGBT顕在化＝**多様性を受容する社会構造**
- デジタルネイティブ（z世代）が社会の主役に
- **情報氾濫・コンテンツ過多**
- 金儲けのためだけに働かない
- 住宅はリノベが主流に

技術（Technology）

- 6G。超高速インターネットで遠隔医療、自動運転が標準化
- **屋内外の全ての機器が常時インターネット接続**
- **仮想空間（メタバース）が日常と融合**
- 健康寿命延伸のため栄養・健康管理テック発展
- 建築の工場生産化がさらに進捗
- 宇宙産業、空飛ぶ車、培養肉の技術革新
- エネルギーは全て太陽・地熱でまかなう

人口動態（※）とITや科学技術の発展は確かな未来

※日本の人口　2022年 1億2485万人（生産人口7496万人）→2040年 1億1092万人（生産人口5978万人）

マズローの「欲求5段階説」（図2）

自己実現欲求：自分の世界観・人生観に基づいて、「**あるべき自分**」になりたいと願う欲求

承認欲求：他者から尊敬されたい、認められたいと願う欲求（＝**生きがい**）

社会的欲求：家族、地域社会、会社、学校など**コミュニティへの帰属**

安全欲求：安心・安全な暮らしへの欲求

生理的欲求：生きていくために必要な、基本的・本能的な欲求

いを取り巻く外部環境を整理、「政治（Politics）」「経済（Economy）」「社会（Society）」「技術（Technology）」各分野について、２０４０年はこうなっているだろうと、みんなで想像してみました。

「社会」分野では、ＳＮＳの拡大でさらに情報が氾濫することが予想されます。情報選択の難しさはもっと起きてくるだろうなと。そして全体的には「多様性」を受容することがキーワードになるかなと考えています。

「技術」ではＩｏＴ（モノのインターネット）やメタバースがさらに進化していくみたいな話をしていたら、この議論の合間にChatGPTが登場し、あっという間に普及したりして、テクノロジーはさらに進化しそうですね。

また、日本の人口動態を見ると、２０４０年には1億１０９２万人になると予想されます。我々はそういった人口減少社会に身を置くことになるわけです。

次にマズロー（Abraham Harold Maslow／アメリカの心理学者・１９０８〜１９７０）の「欲求5段階説」を持ち出したメンバーがいて、人間の欲求を〝住まい〟でどう達成していくのかという、斬新なアプローチがありました（図2）。人間の欲求は、もっとも低次な「生理的欲求」から、「安全欲求」、「社会的欲求」、「承認欲求」、最高次の「自己実現欲求」へと、ヒエラルキー状に構成されます。

2040年の社会における日本人の価値観は？（図3）

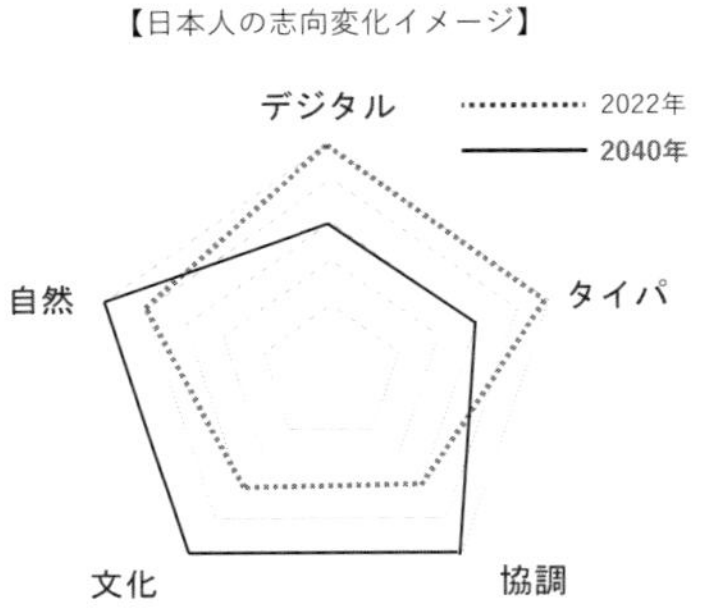

◆ 情報・コンテンツ過多に嫌気
◆ 日常生活のデジタル化は頭打ち
◆ タイムパフォーマンスは重視されなくなる
◆ パターン化した仕事はAI,ロボットが対応。クリエイティブな仕事に脚光
◆ 個の尊重と、帰属・従属感の両立を欲する
◆ 日本の古き良き慣習や文化を尊重
◆ 自然を楽しむ、自然との共生欲求高まる

デジタルによる効率化や利便性の追求は頭打ち。よりテクノロジーを発展させていくため、日本人は創造力や感性の拡張を目指す。

仮想空間（メタバース）と日常はどこまで融合するか？（図4）

棺桶住宅
これって幸せ？

2040年、ゲーム・エンタメ業界中心にメタバースが活況を呈する一方で、実体のあるものづくり、対面のコミュニケーション、セレンディピティ（偶然の出会い）、敢えての不便さなどの価値が見直されると考える。人々は**テクノロジーとの心地良い共存**を求めるであろう。
よって、現実世界の**一切合切**がメタバースに置き換わることは想定しない我々は半分くらいまで実現できている気はするのですが、今後、さらに上の、生き甲斐や自己実現の欲求まで、我々の「住まい」をもって到達できたらすごいねというイメージを膨らませました。

想像（図3）は、日本人の価値観が現在のデジタルやタイムパフォーマンス志向から、どう変わっていくのか考察したもの。これまでの議論にもあったように、自然や文化、コミュニケーション、協調の志向にシフトしていくのだろうなと予想しています。デジタルによる効率化や利便性の追求は頭打ちとなり、価値観の揺り戻しが起こって、日本人は創造力や感性の拡張を目指すようになるのではないかと。

メンバーとの妄想話はさらに盛り上がり、ＡＩなどがどんどん発達していったらどうなるんだろう、動かなくてもよくなるんじゃないか、ＶＲで職場にもハワイにも行けるし、食ですら栄養食みたいなものを詰め込まれて、棺桶の中にいるみたいなことにならないか。その状態は果たして幸せか？　という話もしました（図４）。

検討プロセス２ 考察

人々が住まいに何を求めるのか
「住まいの役割の変遷」「家族のカタチと住まい」
「コミュニティに求めるもの」３つの軸で考察

家族のカタチと住まい（図５）

世帯構成の推移（1970年と2020年）

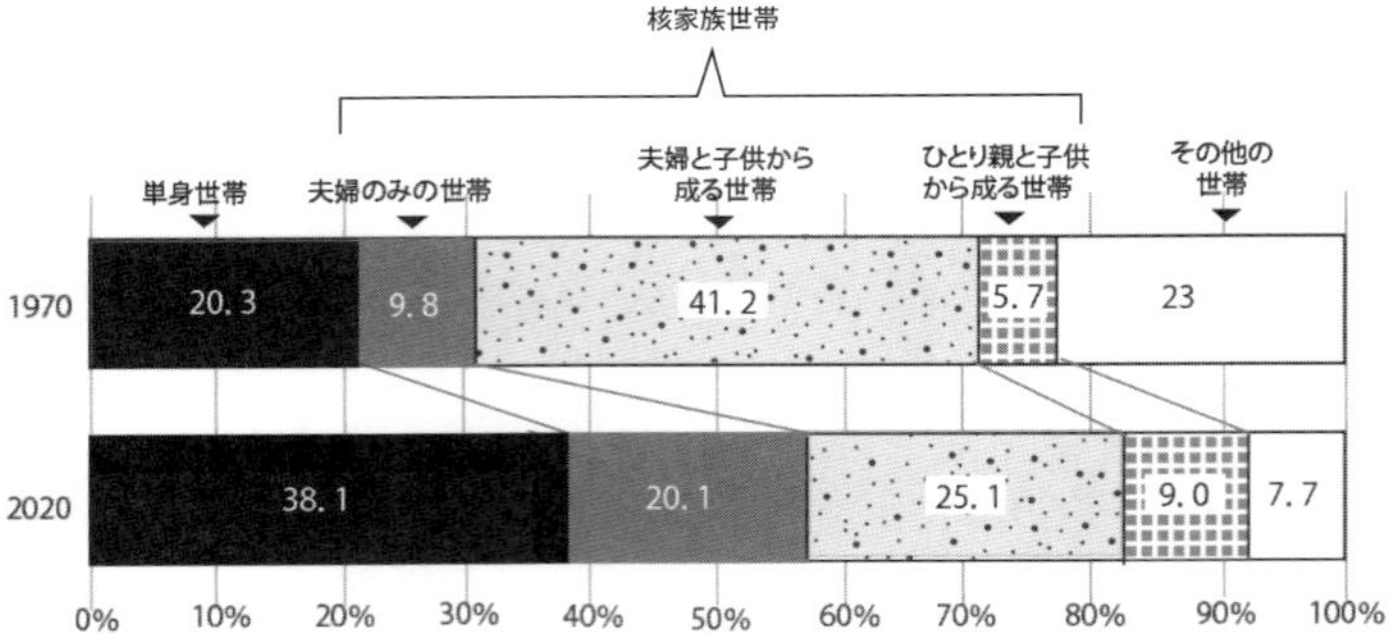

総務省統計局『国勢調査報告』から作成

続いて、検討プロセス2として、「住まいの役割の変遷」、「家族のカタチと住まい」（図5）、「コミュニティに求めるもの」、という3つの軸で、人々が住まいに何を求めているのかを考察します。

考察「住まいの役割の変遷」

◎縄文時代から現代にいたるまで「自然や外敵の脅威から身を守る」「家族など小規模の共同体が暮らしを営む拠点」という役割は変わらない

◎現状7割を占める「定住志向」も大きくは変化しない

◎傾向としては賃貸・分譲どちらかが優勢になるかもしれないが、住まいを選ぶ上で決定的な要素になるとは思えない

◎暮らしを営む「家族のカタチ」は変化しているため、フレキシビリティは重要なキーワード

◎戦後、西洋への憧れから住まいに対する価値観が変化し、空間としてはプライベート化が進行。さらにセキュリティ性も向上。故に、外から見ても家の中から見ても「閉じた」空間となった

◎昭和以前の「開いた」空間では、家族や近所の気配が常にあり、ぬくもりと安心感があった。また、家にいながら自然や四季を身近に感じられた

縄文時代から始まる壮大な話であるわけですけれども、確認していく中で、フレキシビリティは重要であると思いました。それから、これまでの議論にも出てきた「閉じる」「開く」という視点の重要性も再認識しました。特に日本人には「閉じる」「開く」というのが、結構重要なんじゃないかと思います。欧米生活に憧れた結果、住まいを「閉じる」ことで、自然や外敵の脅威を克服してきた一方、人のぬくもりや自然との共生など、いくつかのメリットを失ったと考えています。

考察「家族のカタチと住まい」

◎性別、人種、国籍、年齢、障がいの有無、宗教などあらゆる多様性を容認する社会にシフト。同性婚や夫婦別姓の家族も当たり前になる
◎50年かけて複合家族は減少、単身世帯は増加。15年後は未婚率の増加や核家族化の影響により単身世帯がさらに増加する
◎女性の社会進出や子育て支援の政策が進捗すれば、ひとり親世帯が増える
◎血縁関係や、経済的な理由のみで結びついていた家族は解散し、より精神的なつながりのある人同士で住むようになる

日本の住宅市場は最大公約数をとる考えで、常に典型的な家族形態を対象に供給がなされてきました。家族の形態も、先生が仰っていたように、何十種類ものカタチがあるといいます。今後はあらゆるパターンの家族のカタチも受け入れるフレキシブルな住まいの開発や、住まいの選択肢を増やすことが求められますね。単一の家族をイメージしてコモディティ化する現在のマンションは、偏りすぎではないかと若干反省しています。

考察「コミュニティに求めるもの（集まって住む価値）」

◎SNSで活発にコミュニケーションが取れる現代では、同じ地域に住んでいなくてもコミュニティが成立する
◎オンラインコミュニティは気軽に参加でき、同じ趣味嗜好や信念を持つ人同士の集まりは心地がよい
◎マンションにおいては、合意形成の円滑化や共助の体制を育むためにも、コミュニティの醸成が課題
◎村社会・監視社会のようなウェットな関係は不要
◎緩やかなつながりを持ち、困った時や有事のときに助け合えるのは、集まって住むことの大きな価値
◎特にシニア層や単身世帯は、住む場所において自分の存在を他人に認知してもらうことで、日常的に安心感を得られる

人間関係の「距離感」についても活発な議論になりました。村社会、監視社会というワードがありますが、心地よいお節介というか、そういうレベルで止めないといけないという話です。SNS等のオンラインコミュニティの距離感と、物理的な距離感が両立している状態をどう作っていけるか、悩ましいところです。

検討プロセス3では、これまでの「想像」や「考察」をもとに、人々が住まいに何を求めているのかを見定めて、6つの具体的な生活シーンを描いてみました。

SCENE1 「閉じているのに開いている」

◎戸境壁《こざかいかべ》が「襖」や「障子」。隣家の気配を感じながら生活できる
◎高度センサーで他人は侵入できない
◎長屋や古民家のようなゆるさと、高セキュリティが共存

ソフトのデザインポリシーとして回帰させたいのが日本の「障子」や「襖」といった和の文化の活用です。マンションの気密性を保ちながらも、隣の住居の気配をうっすらと感じる（図6）。

単身世帯が大きな割合を占めるソロ社会は既に到来しており、人と関わらずに生きていく社

検討プロセス3　創出

「想像」と「考察」を踏まえ、人々が住まいに何を求めるのかを見定め、
未来の住まいの在り姿と具体的な生活シーンを描く

SCENE 1　閉じているのに開いている

戸境壁が「襖」や「障子」
隣の家や外の気配を感じながら生活できる
高度センサーで他人は侵入できない
長屋や古民家のようなゆるさと、高セキュリティが共存

✓ 住戸間を「襖」や「障子」で仕切る。マンションの気密性を持ちながらも、隣の住戸の気配をうっすらと感じる
✓ 暮らし方や時間帯によって「閉じる」こともできる。完全に開け放ち、住戸同士をくっつけて専有面積の拡張も可能

(図6)

SCENE 2　境界線があいまいな家

間仕切壁が「ホログラム（立体画像）」
家族のカタチ、ライフスタイルに合わせて自由自在に間取り変更
消音技術との組み合わせでそこに壁があるかのような快適さ

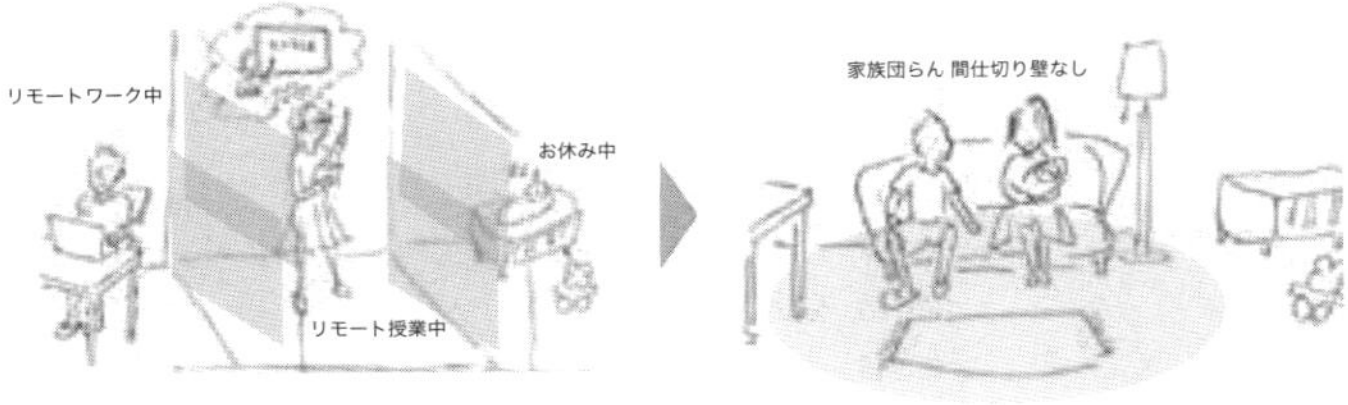

✓ 床と天井にホログラム投影装置を設置。暮らし方に合わせて間仕切り壁を出現させたり、無くしたり自由自在
✓ 視界と音は遮るが、物理的な壁はない

(図7)

会ではなく、一人だからこそ人とつながり、自分でコミュニティを作る力が必要になります。時代と共に住まいは「閉じた」空間になってしまいましたが、「開く」ことのメリットをテクノロジーで取り戻せないか、未来の住宅ではこの和の文化と技術の融合で何か新しいコミュニティを創出していけるのではないか、と感じています。

SCENE 2 「境界線があいまいな家」

◎間仕切壁が「ホログラム（立体画像）」
◎家族のカタチ、ライフスタイルに合わせて自由自在に間取り変更
◎消音技術との組み合わせで、そこに壁があるかのような快適さ

床と天井にホログラム投影装置を設置。暮らし方に合わせて間仕切り壁を出現させたり、無くしたり自由自在。視界と音は遮るが、物理的な壁はないんです。これはフレキシビリティに対応するということなんですけれども、立体画像というテクノロジーがどこまで発展するのかにかかっていますね。これがうまく機能すれば、例えば音も遮断しながら先ほども言ったようにほどよく気配も感じながら、生活できます（図7）。

SCENE 3 「室礼《しつらい》でカタチづくる」

◎テクノロジーを取り入れた未来型の室礼

◎日本の四季折々の景色を家の窓に投影（超高解像度の液晶モニター）、風や香り、音も再現して五感で自然を感じ取れる空間

◎例えばマンション内で同じ景色を同じ時間に投影。共通の話題が増え、住民同士の緩やかなつながりが生まれる

日本の伝統が生んだ美意識である「室礼」を個人的には大事に思っています。この室礼にテクノロジーを導入して未来型の室礼ができるのではないかと思っています。和の精神はそのままに、四季や自然を愛でるということで実現できる未来型の室礼空間は、快適なコミュニティ作りにもつながるでしょう（図8）。

SCENE 3　室礼《しつらい》でカタチづくる

家の窓が超高解像度の液晶モニター
都会の家からは眺めることができない日本の四季折々の景色を投影
四季を「室礼」でカタチづくり、失われた自然との対話を取り戻す

- ✓ 「超高解像度液晶モニター」窓リフォーム＋「室礼セット」サブスク。眺望がいまいちな既存の都心マンションでも家の中で四季や自然を楽しめる
- ✓ 風や香り、音も再現して五感で四季を感じ取り、家にいながら創造力や感性を磨く
- ✓ マンション内で同じ景色を同じ時間に投影。共通の話題が増え、住民同士の緩やかな繋がりが生まれる

(図８)

SCENE 4　トキワ荘マンション

"夢・信念・思想"基準で人が集まるマンション
新しい与信システムで入居審査
オンラインコミュニティのような居心地の良さを現実世界でも実現

- ✓ 従来は年収や資金力を基準に住まいがあてがわれてきた。金融機関などの中央管理を必要としないブロックチェーン技術などを応用し、"夢・信念・思想"基準や"人の好さ"基準で住宅ローンや入居の与信審査を行う
- ✓ 夢の実現や信念の遂行をマンションに導入されたAIロボットが指南。住民の自己実現に伴走する

(図９)

SCENE4　「トキワ荘マンション」

◎〝夢・信念・思想〟基準で人が集まるマンション
◎オンラインコミュニティのような居心地のよさを現実世界でも実現

夢の実現や信念の遂行をマンションに導入されたＡＩロボットが指南。住民の自己実現に伴走するイメージです。価値観を共有する集まりの話が出たと思いますが、例えば漫画家をめざす人たちが固まって住んでいたトキワ荘（東京・豊島区／１９５２年に建てられ、手塚治虫や石ノ森正太郎など、昭和を代表する漫画家たちが若手時代に集い切磋琢磨した伝説のアパート）みたいなイメージで（図9）、賃貸マンションの入居時に、ある程度誰かが審査や面接をすれば、一緒の価値観の人を選べるでしょう。

ＡＩやロボットが介在するということも可能だと思います。

SCENE 5　間取りの無いマンション

住戸の各部屋を独立したユニットに分解
同じ目的を持つユニット同士が集まりゾーニング
ご近所と自然に繋がりが生まれる、新しい集合住宅のカタチ

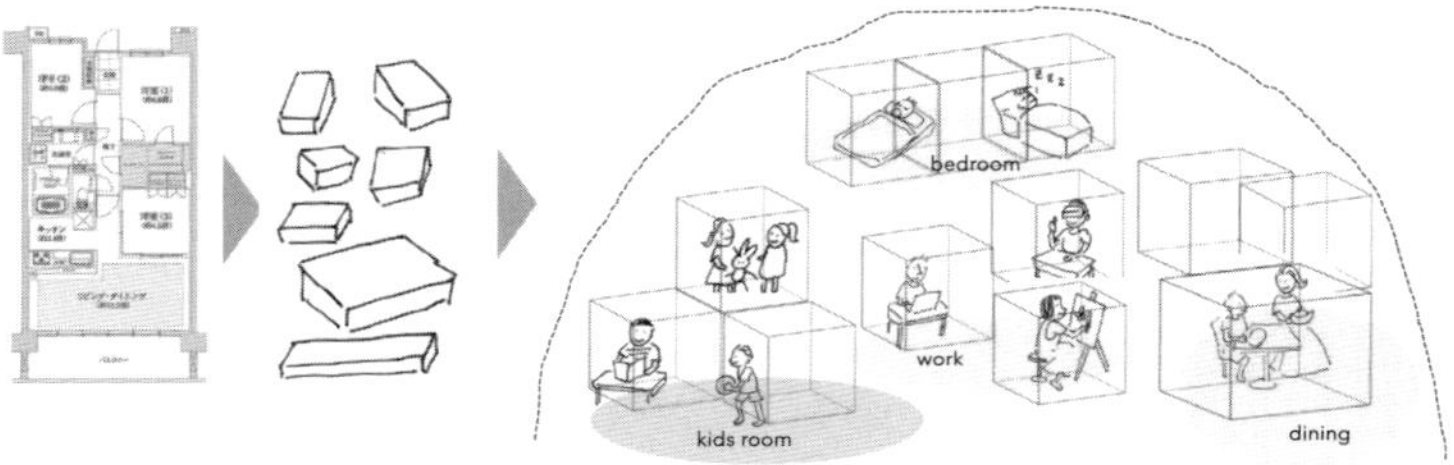

- ✓ 家族単位でまとまって構成されていた住戸の間取りを目的別に分解し、独立したユニットを形成
- ✓ 互助・共助が自然と生まれる物理的配置
- ✓ 目的が同じだからユニット（ご近所）同士で対話が生まれる

(図10)

SCENE 6　デジタルツインで(結《ゆい》)を育む

デジタルツイン上のマンションで住民のアバター同士が交流を持つ
現実世界でのコミュニケーションを補完
有事のときには助け合える緩やかな繋がり

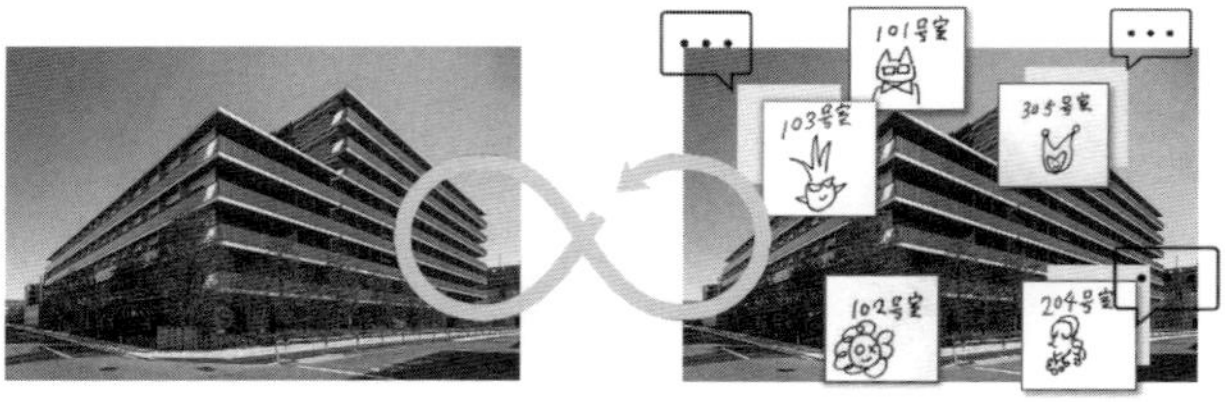

- ✓ 「結」とは小さな集落や自治単位における共同作業の制度。住民はアバターの姿で理事会、総会、その他イベントに参加する
- ✓ 現実世界で交流がなくとも、デジタルでは知り合っているから「はじめまして」の関係ではなくなる。災害や急病など、有事の時には自然と助け合える。しかしながらムラ社会のような息苦しさはない
- ✓ デジタル上にマンション自体を再現し、建物の劣化や修繕のシミュレーションも行える。適切な修繕計画を立てられ、住民同士の合意形成もとりやすい

(図11)

SCENE5　「間取りの無いマンション」

◎住戸の各部屋を独立したユニットに分解
◎同じ目的を持つユニット同士が集まり「ゾーニング」
◎家族単位でまとまって構成されていた住戸の間取りを目的別に分解し、独立したユニットを形成
◎ご近所と自然につながりが生まれる、新しい集合住宅のカタチ

例を挙げるとマンション中の子供部屋が一ヵ所に集まって、子供同士やその親が交流できたり、キッチンが集まって住民同士で料理を分担したり。現在のマンションのスタイルとは全く次元の違うアイデアですが、大きな傘の中で目的に応じてそれぞれが一緒になっている。これは共助や互助、例えば、子育てとか介護を一緒にやるという部分にもつながっていくんじゃないかなという、会話の中で生まれた提案です（図10）。

SCENE6　「デジタルツインで（結《ゆい》）を育む」

◎デジタルツイン上のマンションで住民のアバター同士が交流を持つ
◎現実世界でのコミュニケーションを補完
◎有事の時には助け合える緩やかなつながり

（結）とは小さな集落や自治単位における共同作業の制度。住民はアバターの姿で理事会や総会に参加する。現実世界で交流がなくとも、デジタルでは知り合っているから「はじめまして」の関係ではなくなり、災害や急病など、有事の時には自然と助け合えるイメージです。

常日頃から距離感が近いというのは鬱陶しいんですけれども、何かあった時に助け合えるというのが集まって住む良さでもある。ほどよい距離感を保つためにアバターを導入するのはどうだろうかという提案です（図11）。

最後にもう一度、「住まい」と「暮らし」の創造企業グループを標榜する我々の描く
2040年の生活シーンをおさらいすると、
◎「閉じているのに開いている」
◎「境界線があいまいな家」
◎「室礼でカタチづくる」
◎「トキワ荘マンション」
◎「間取りの無いマンション」
◎「デジタルツインで（結）を育む」
となります。

これで「進化」と「回帰」を両立したとは言い切れませんが、常に「住まいとは何か」を追求し続けていきたいと考えます。

良い機会を頂いてありがとうございました。

第4章

家族のかたち

変化する家族の形態

未来のマンションについて考えるにあたり、無視できない問題は、家族形態の変化である。家族形態は、長い歴史の中で徐々に変化してきた。かつての大家族から、核家族へと変化し、さらに核家族は、より柔軟な家族形態に変化しようとしている。

家族は言うまでもなく生活の基盤である。しかし今後はもっと柔軟な人のつながりの中で生きていく人が増えるのではないだろうか。子供を産み育てるという家族以外に、各自が様々なコミュニティに参加するというのは、いまでは普通の生き方になってきたように思う。

それにともない、家族という形態は、緩く解きほぐされ、個人がより多くの人やコミュニティと結びつきながら活動するようになる。社会性を持つ人間として、個人個人が最大限の力を発揮できるようになる。家族はそうした形態に合わせながら変化していくと思われる。

ヨーロッパの家族形態

すでにヨーロッパ、特にオランダやデンマークでは、そうした変化が起こりつつある。デンマークの若い人の間では、我々の考える結婚という概念がなくなりつつある。

私は、2011年から、デンマークの高齢者施設で遠隔操作ロボットを用いた対話支援の研究開発に取り組み、毎年デンマークに滞在してきた。そこで見たものは、日本とはかなり異なる個人と社会の関係であった。

デンマークでは両親とその子供という核家族の他に、拡大家族や単身世帯、未婚のカップルや同性パートナー同士など、様々な形態の家族が存在する。結婚していないカップルが子供を持つことも一般的である。婚姻制度を利用せずに同棲しているカップルは多い。子育て支援や育児休暇など公的制度が充実しており、女性が働きやすい環境が整備されている。女性の就業率は9割を超えている。

日本では一般的に、子が親の介護をするものとされているが、デンマークでは、高齢者の介護や福祉については、家族だけでなく「社会全体」で支える仕組みがある。高齢者施設が非常に充実しているのである。このほか、1960年代からコレクティブハウスというスタイルで、家族がいる人もそうでない人も老若男女問わず共同生活をする場が生まれ、今でも各地に存在している。社会の中で、個人が家族の単位に縛られるのではなく、個人として自由に暮らしているのである。

デンマークは国連の「世界幸福度ランキング」では常に上位に入り（2024年：1位フィンランド、2位デンマーク、3位アイスランド、日本51位）、世界一子育てがしやすい国と言われることもある。なぜデンマークがそのようになったのだろうか。石黒の理解は次の通りである。

北欧の国デンマークは、資源がそれほど豊かな国ではない。主な産業は、農業、観光、エネルギー、運輸である。しかし、２０２２年の国民一人あたりのＧＤＰは世界9位とかなり生産性が高い。ちなみに日本の国民一人あたりのＧＤＰは世界34位である。この高いＧＤＰを支えているのは、個人の能力を最大限に発揮できるデンマークの社会システムにあるように思う。

社会福祉の財源は全て税金で賄うために、非常に税金が高く、所得税は55％で消費税は25％、自動車取得税は25％から１５０％にも及ぶ。このような高い税率だと、夫婦の両方が働かないと、なかなかいい暮らしはできないだろう。

また北欧では冬が厳しいのでホームレスをつくることができず、社会がそうした人たちを守らなければならないというのも、理由の一つであろう。社会を維持するためには、他国よりもお金がかかるのである。

でもその高い税金に支えられながら、医療費、出産費、教育費等を無料化するなどして、男女共が働きやすい社会を作っている。誰もが充実した介護福祉サービスを受けられるのもその一つである。

男女共が働くようになると、女性の平均年収も上がり、女性の医者や弁護士が増える一方で、比較的に賃金の安い肉体労働に従事する男性も増える。そうなれば、女性はさらに独立し、女性を含め誰もが個人の能力を最大限に発揮できる社会になる。

デンマークの高福祉・高負担モデルは、単に手厚い福祉サービスを提供するだけでなく、個人の自立を重視していることが特徴だ。様々な福祉サービスは、個人の自立を支援するために提供されているのである。

デンマークで起こっていることは、近い将来日本でも起こる可能性のあることである。むろんデンマークのような高税率社会がただちに受け入れられるとは思えないものの、日本もデンマーク同様、資源に恵まれない国で、様々な工夫をすることで、よりよい未来を描くことができるはずだ。日本の未来では、どのような家族の形態が求められているのか、今から考えていく必要がある。そして新たな家族形態を支える住環境を整えないといけない。

下がる日本のＧＤＰ

近い将来、日本はデンマークのような社会になる可能性はある。日本の国民一人あたりのＧＤＰは毎年のように下がっている。そうしてどんどん下がっていくと、貧しい人たちが増え、その人たちを国が守らないといけなくなる。そのために税金も高くなる。そうなれば、夫婦共働きでないと生活が難しくなる。その結果、男女共に働きやすい環境が整えられていき、個人の能力が最大限に発揮される社会になり、国民一人あたりのＧＤＰも回復していく、というのは楽観的にすぎるだろうか。勤勉で互いを助け合える日本人だからこそ、この予測は当たるように思えてならない。

また、戸籍に基づく今の日本の家族制度、結婚制度は、個人の能力を最大限に発揮するための障害になっていると思える。もっと自由に個人が活動できる社会を作っていかなければならない。制度の整備とともに、それを支える住環境や街作りが必ず必要になってくる。

SNSと社会

SNSが普及して、個人が色々なつながりを持つようになった。社会は明らかに変化しているのである。むろんSNSの普及だけでは、社会は本質的に変わらない。SNSはあくまでも仮想空間上でのコミュニケーションであって、実世界と結びつかなければ、単なるコミュニケーション・ツールでしかない。

とはいえ最近では、転職する際にSNSで仕事を見つける人もいれば、人材会社がSNSを使って、優秀な人材を発掘するということも起きている。政治の世界では、SNSが大きな影響力を持つようになった。SNSでつながった人たちが、共に実世界で活動することも増えてきたのではないかと思う。

すでに、SNSは社会に深く結びつき、人々を柔軟に結びつけるツールとして、社会に必要不可欠なものとなっている。SNSによる、緩やかな家族形態の変化が始まっているのは確かである。

マンションのコミュニティの形成においても、むろんこのSNSが必要になる。どのようにSNSを利用するか、魅力的なコミュニティを持つマンションを作る上での鍵になるだろう。

LGBTQ・ダイバーシティ・インクルージョン

古い家族の形態やそれに関わる法律は、すでに様々な社会問題を引き起こしている。時には差別の原因ともなっている。

近年LGBTQ（Lesbian：女性同性愛者、Gay：男性同性愛者、Bysexual：両性愛者、Transgender：生まれた時に割り当てられた性別にとらわれない性別のあり方を持つ人、Queer, Questioning：クィアは上記以外の性的指向、性自認の総称。クエスチョニングは、自分のそれらが明確でない人、または意図的に決めていない人）に対する差別や偏見をなくそうという意識が社会の中で高まっている。

LGBTQは、人間が生物的な仕組みで生まれてくる以上、常に一定の割合で存在する。そのような人たちを差別するのは、むろん間違った行為である。

障がい者については、近年我々はずいぶんと意識を改革することができた。先天的な障がい者は一定の割合で生まれてくるし、不可避的な理由によって障がいを持つに至った人も多い。そのような人たちを差別することは、人間そのものを否定することでもある。

LGBTQも障がい者も全て受け入れて、一緒に社会を構成していく、一緒に活動していくというのが、より進化発展する人間としては大切である。人間の多様性（ダイバーシティ）を認め、多様な人々と共に生きていく（インクルージョン）、それが人間の進化を支えていくのである。

進化とは、多様性から生まれる。この生物原理は誰もが理解していることなのに、知らず知らずのうちに、我々人間は狭く特定の人間だけに心地いい社会を作ろうとしてしまう。大きな脳を持った人間としては、間違いを何度も繰り返すことなく、狭い感情に押し流されることなく、よりよい社会を作っていきたいものだ。

ＬＧＢＴＱについて、特に日本ではなぜこれまで問題意識を持たれなかったのかというと、日本の結婚制度、家族に関わる法制度に理由がある。ここではＬＧＢＴＱは排除されており、法律は改定すべきであるし、それができなくても、実質的に社会で受け入れていかなければならない。

新しいマンションにおけるコミュニティは、ＬＧＢＴＱのためだけに作るものではないが、多様性を認めることで、皆が自由に生活でき、個人の生活もコミュニティの生活も豊かなものになると思う。

家族と街

コミュニティと街や国の関係はどのようになっていくのであろうか。これまでは、家族、街、国という単純な階層構造で社会が成り立っていた。

家族のつながりが柔軟で多様なものになれば、街も色々な顔を持つようになる。その街の顔は時間によって変わるかもしれないし、住んでいる人の年齢層によって変わるかもしれない。多様な人を柔軟に受け入れることができる街にしなければならない。

国も同様にもっと柔軟な構造を持たなければならない。

すでに、インターネット上の世界では国という構造を超えて、色々な活動が行われている。従来は国が管理していた通貨も、仮想通貨という特定の国に属さない通貨が現れ、経済の世界を中心に、様々な可能性を生み出している。

こうした街の進化発展こそが、人間の進化発展でもある。社会の構造は、マンションのような個人と密接したところからボトムアップ的に変わり始めるとともに、街や国の行政というトップダウンの力も受けながら変わっていく。我々の作るマンションが、そうした人間や人間社会の進化発展を支えるものになればと思う。

家族と集合住宅

未来のマンションにおける家族の暮らし方を想像してみよう。ここで想定するのは、数百戸の規模の賃貸マンションである。

テレワークをはじめ、働き方が多様になる未来においては、会社に行く日もあれば、自宅で仕事をする日もあり、気分を変えて違う街で仕事をする日も出てくるだろう。人間関係も多様化し、ウィークデイに生活を共にする人と、週末に生活を共にする人は違うかもしれない。

そうした生活を実現するには、マンションのサブスクリプションがいいだろう。複数のマンションに住む権利だけを買っておいて、自分の生活スタイルに合わせて、住むマンションを選ぶという感じである。

似たようなものとして、ウィークリーマンションがあるが、ここでは、特定の期間のみ借りるのではなく、ずっと借りているが、複数の人たちとも共有しているというマンションを想定している。共同で購入するマンションのようなイメージである。またリゾートの会員制マンションのように、複数人で部屋を共同購入して利用するものもあるが、ここで考えたいのは、あくまでも日常を過ごすマンションである。

経済的にゆとりがある人は、複数のマンションを所有し専有できるが、一般の多くの人にとっては、実際に個人として、複数のマンションを購入しても、使えるのは常に一つの部屋しかない。例えば、7つの部屋を7人で購入すれば、マンションを一つ買う値段で、7カ所に住むことができるのである。

そうした仕組みをコンピュータで管理して、多数のマンションの部屋を多数の人が共有できるようにすれば、非常に豊かな暮らしが実現できるだろう。

ここで大事なのは、皆でマンションを大切にするということである。使う人がそれぞれに、マンションを大切に使い、マンションの部屋それぞれに歴史や文化をつくっていくことができれば、それがマンションの付加価値になっていく。

古い喫茶店に行くと、過去訪れた色んな有名人の落書きが残っていたりして、店の価値になっていたりする。マンションで落書きされるのは困るであろうが、家や部屋というものは、先に議論したように、人と関わりながら生きているのである。皆で大切に扱えば、それに応えるように、家や部屋は魅力的になっていくはずである。

果たしてそのようなマンションが作れるかどうか。やってみなければわからないが、人間の生活を支える様々な技術が開発された今日や、近未来では、それが可能であると思う。

第5章

未来の住まいの価値

マンションのソフト的・文化的な価値

あらためてマンションの価値について考えてみたい。

これまでのマンションは「立地」によって評価されており、そこにどんな人が住んでいるのか、どんな文化があるのかは評価されてこなかった。

街の魅力、地域の魅力で坪単価を上げることができるのなら、マンションそのものをそうした魅力的なものにすればいい。従来型のマンションを作るのではなく、魅力的な「街」を作るのである。

その街がたまたまマンションの形をしているだけであって、その魅力の源は、「中身」である住民が作り出す文化である。

そうしたマンションを作ることができれば、入居することが目的になるために、単なる投資対象ではない、駅からの近さではなく、地価や坪単価でもない、新しい価値が生まれるだろう。このような住人が作り出すマンションの魅力を、マンションのソフト的な価値と呼ぶ。

マンションのハード的な価値は、もちろん建築物そのものになる。安心して住める構造、共用スペースを設けるなどの、人がつながりやすい構造、そういったものがハードの価値になる。

そのハードの価値は、どのようなソフトを生み出すかで評価される。単に頑丈なだけのハードでは、コミュニティというソフトを生み出さない。豊かなコミュニティを、豊かなマンションのソフトを生み出すハードであってこそ価値がある。

そうしたハードに支えられたマンションのソフトは、マンションの文化へと進化していく。文化はどのように醸成していけばいいのだろうか。

文化とは多くの人が共同で生み出すものである。故に重要なのは、価値観を共有することにある。価値観を共有することで、人の間で守るべきもの、積み上げるべきものが明らかになり、文化として形作られていく。

その価値観には色々な分類があるが、その中でもシャロム・シュワルツは次の10のタイプに分類している。

① 力（Power）：社会的地位や支配することへの価値を持つ。

② 成果（Achievement）：個人的な成功を通じて社会的な承認や尊敬を得ることへの価値。

③ 刺激（Hedonism）：快楽や感覚的な満足を追求することへの価値。

④ 刺激（Stimulation）：興奮、新規性、挑戦を通じて生活に変化をもたらすことへの価値。

⑤ 自己方向（Self-Direction）：独立性、自由、好奇心、選択の自由を重視する価値。

⑥ 普遍性（Universalism）：広範な人々の幸福や平等、自然の保護を重視する価値。

⑦ 仁慈（Benevolence）：個人の近しい人々に対する福祉や忠誠を重視する価値。

⑧　伝統（Tradition）：過去の習慣やアイディアを尊重し、自らもそれに従うことを重視する価値。
⑨　順応（Conformity）：規範や期待に従い、行動の抑制や衝突を避けることを重視する価値。
⑩　安全（Security）：安全性、安定性、社会的秩序を重視する価値。

コミュニティにおいてどの価値観を選ぶかは、そのコミュニティのメンバーに応じて決めていくことになる。

人それぞれ重視したい価値観は異なるはずだ。その価値観を自分が持っているからと重視する者もいれば、自分には足りないからと重視する者もいる。複数の価値観を同時に重視する者もいるだろう。また、これらの価値観が重要であることは、多くの人がその経験から感じていることであるが、必ずしも科学的にその重要性が証明されているわけではない。故に価値観は多様であるべきである。

人間社会は複雑で、科学で説明できないものが多いというのは、多くの人が実感するところだろう。人間や人間社会は未だ進化の途中であり変化している。故に、科学で説明できる部分はさらに狭いと考えられる。故に、我々はそれぞれの価値観を大事にしながら文化を醸成していくのである。

繰り返しになるが、文化とは、科学で説明できない人間にとって大事なものを積み上げていくものである。それ故、文化は重要である。色々な人と生活を共にし、色々な価値観に出会いながら、科学で説明できない重要な問題を皆で共有し、その問題を探求しながら、人間とは何かという問いに向き合っているのである。

マンションのコーディネーター

価値観の選択を助け、人々をまとめていくのが、マンションコーディネーターである。今後のマンションには、管理人でもコンシェルジュでもなく、住人と一緒にそのマンションの文化を醸成できるコーディネーターが必要になる。コーディネーターが十分に機能し、マンションの価値を高めることができれば、コーディネーターの導入コストも問題にならないだろう。

これまでの人間社会において、文化は様々な形でつくられてきた。仏教や神道のような宗教が価値観を提供することもあれば、哲学者や芸術家が人々の価値観を先導することもあった。全く何もないところから文化は生まれない。

価値観を適切に選び、先導するのもコーディネーターの役割である。そのためコーディネーターは、文化や社会学のトレーニングを受けていることが望ましい。こうしたコーディネーターのような仕事は、これからますます増えていくと考えられる。

ＩＴ技術の発展によって、人間の様々な仕事は自動化され、そのたびに人間はより生産性の高い、新たな仕事を作り出してきた。ロボット技術の進歩により、肉体労働が機械に置き換わり、ＡＩ技術の進歩で、単純な対話サービスはＡＩに置き換わろうとしている。

そうした中で、人間の業務として増えてきているのは、複雑な対話サービスである。以前にもまして、セラピストやコンサルタントの数は増えた。心療内科という新たな科も作られてきた。人間が行うサービスは、肉体労働や単純な対話サービスから、明らかに人との深い対話に移り変わってきている。対話を通して、人々を支え、また自分も支えられる。我々は、人間にとって最も重要なことを、活発に行うようになってきているのである。

そうした流れの中で、人々をつなぎ合わせ、その中で文化を築き上げるコーディネーターの仕事は、人間や人間社会において非常に重要で、簡単には全てをＡＩに置き換えることができないと思われる。

人間同士の対話をよりいっそう重視する今後の社会では、このようなコーディネーターの仕事は、社会の中で重要な役割を担っていく。

ＡＩやアバターの利用

ＡＩも利用できる場面ではふんだんに利用されていく。ＡＩを用いることで、生産性を向上させていくことは重要である。単純に検索すればわかる質問や対話サービスは、全てＡＩに任せておけばいい。ＡＩならば24時間、何時でも対応することができる。

また人と人を結びつけるのに、ＡＩが介在した方が結びつけやすいことも色々とある。先に述べたように、ＡＩやロボットの方が、対話相手の人から猜疑心を持たれにくいことはすでに明らかになっている。

また、人間よりもＡＩの方が、コミュニティの参加者の全ての情報を考慮して、コミュニティをより活性化させるための、適切な判断を行える場合もあるだろう。

人と人の最初の結びつきは、ＡＩがアバターを操作して行い、その先でより深く文化を醸成する際に、人間の操作者がアバターを操作する。ここで、アバターとはＡＩや人間に操作されるロボットやＣＧキャラクターを意味する。このようなアバターを用いた体制が、最も効率よく人と人をつなげられるように思う。ＡＩと人間のコーディネーターが連携して、人々が文化を醸成していくのを助ける、新たな「文化創造」の仕組みである。

現在私は、国立研究開発法人科学技術振興機構ムーンショット型研究開発事業の「目標１」プロジェクトマネージャーの一人として、アバターの研究開発に取り組んでいる。その研究開発が目指す未来のアバター社会は、図（次頁）のようなものである。近い将来、教育、仕事、医療、日常と様々な場面でアバターが使われるようになっていく。

また私は２０２１年にアバターの社会実装を目指した、スタートアップ企業ＡＶＩＴＡ株式

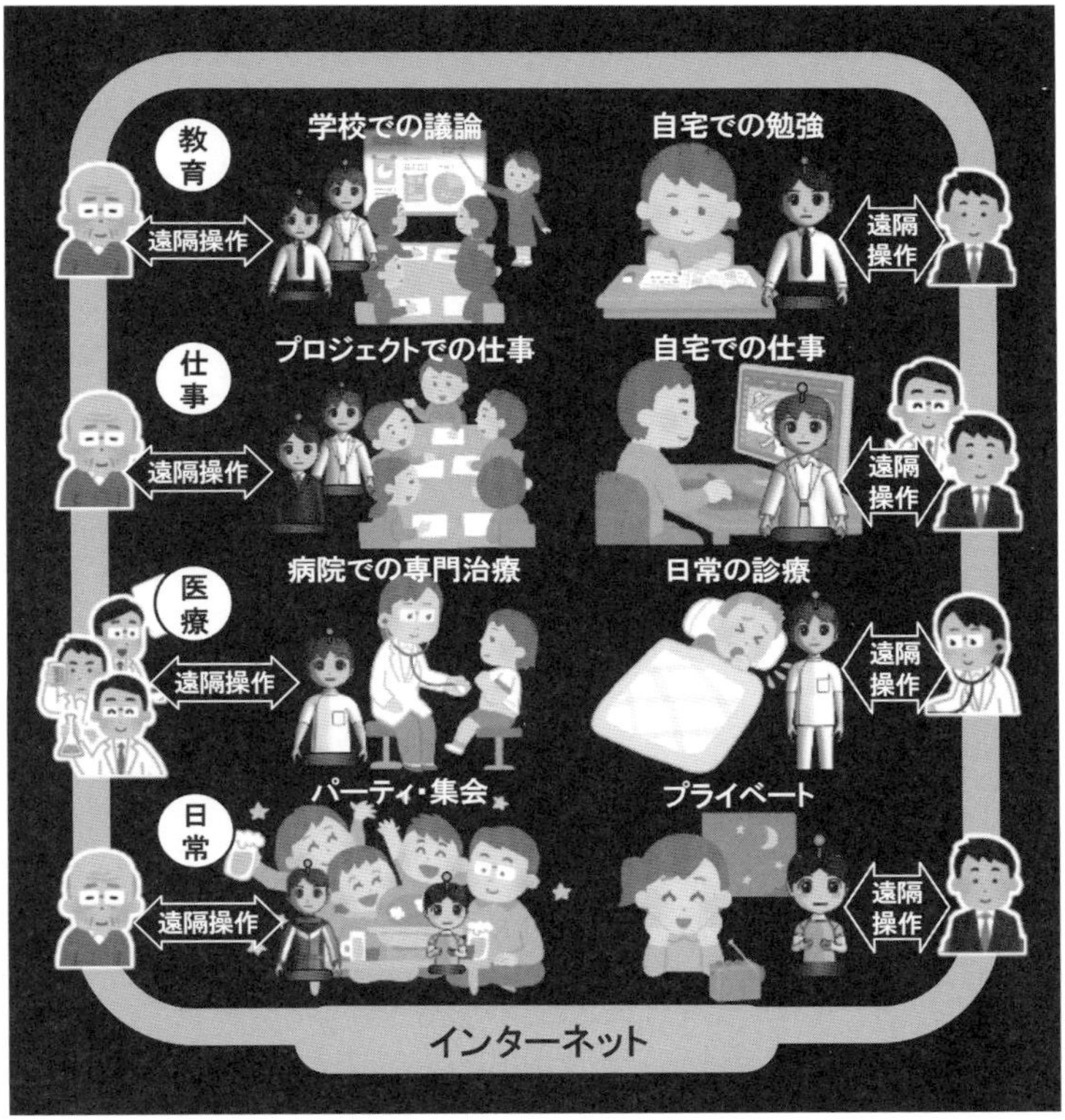
教育
学校での議論
自宅での勉強
遠隔操作
遠隔操作
仕事
プロジェクトでの仕事
自宅での仕事
遠隔操作
遠隔操作
医療
病院での専門治療
日常の診療
遠隔操作
遠隔操作
日常
パーティ・集会
プライベート
遠隔操作
遠隔操作
インターネット

会社を立ち上げている。AVITAのアバターはすでに、実際のビジネスで利用されており、今後さらに普及していくことが期待される。

豊かに住むということ

本質的な価値観を追い求めるようになると、豊かさの定義も、幸福の定義も変わってくるだろう。

これからの豊かさは、明らかに物質的な豊かさではなく、人間について考えることで生まれる豊かさである。この探求は、多様な人間とつながることによって深化していくはずだ。我々が目指すマンションも、そうした豊かさを提供できるものでなければならない。

豊かに住むということはどういうことであろうか。

豊かに住むということは、人とのつながりの中で、自分のことを考え、相手のことを考え、社会のことを考えることであろう。豊かな住み方をもたらすのは、感情のやりとりもない、表面的な関わりだけのコミュニティではない。時に相手の激しい感情に触れ、自分の感情も揺り動かされることから、相手を知り、自分を知ることができる。時には対立することも必要だろう。

そうしたことへの耐性を、近年の日本人は失ってしまっているようにも思える。なぜだろうか。人との関わりには価値がある。その価値を知っていたはずの我々は、何に怯えているのだろうか。

未来においてはより本質的な人間の生き方が重要になる。生活が豊かになり、飢えることを心配しなくてよくなった日本においては、真に豊かに住むことを追い求める必要がある。そうしなければ、個人としても社会としても進化発展することはないように思う。

セキュリティとコミュニティ

豊かな住み方を下支えするのが、セキュリティの仕組みである。誰が住んでいるかわからないようなマンションでは、安心して生活できないし、コミュニケーションすら生まれない。

そのようなセキュリティを実現するのもＡＩである。ＡＩがプライバシーや個人的情報を守りながら、住人の保証をする。そうしたことができれば、安心して互いに感情で触れ合うこともできるだろう。また、ＡＩが完全に住人をモニタリングしていれば、極端にいえば鍵をかける必要もない、自由に住人同士が交流できるようになる。

私が小学生の頃に過ごした田舎町では、家に鍵をかける者など誰もいなかった。何時でも誰でも自由に出入りできた。それができたのは、全員が顔見知りで、外部の人が入ってきたらすぐに噂が伝わったからである。そうした田舎町にも、徐々に外部の人が入ってきて、ある時年に一度もないという窃盗が起こった。見知らぬ者が住人の家屋に侵入し、盗みを働いたのである。残念ながら、それ以来私の田舎町でも、家のドアに鍵をかけるようになった。

かつてのいい田舎町の仕組みは、ＩＴ技術とＡＩを駆使すれば実現できる。ＡＩによって完全に見守られた仕組みを作ればいいのである。技術を介在させることは、新しくコミュニティに参加する人にとっても、安心できるものになるだろう。

このようにして、未来のマンションは今までにない価値を持つようになる。「マンションは管理を買え」と言われることが多い。未来においては、「マンションは文化を買え」と言われるようになるだろう。そのような未来を作っていきたいものである。

未来の住まいミーティング（後編）

●司会：石黒浩
●長谷工コーポレーション：熊野聡／堀井規男／大西広望

住むということと家族の形態の変化

✹――住宅というハードではなくて、その中での人間の活動、すなわち文化というソフトによって、価値は支えられています。そのソフトを支えるのが、家族だと思います。

昔は大家族でした。かつて日本列島の厳しい冬を乗り越えて生きていくためには、大家族で協力をしなくてはいけなかったのだと思います。近代に入れば富国強兵を推進する政府のもとで、家父長制を中心にした大家族が一般的でした。その後、高度経済成長の時代には、都会に集まった人々のほとんどが核家族になり、核家族用の住宅がたくさん作られました。マンションはその典型的な住宅かと思います。問題はこの核家族がどのように変化していくかということです。家族という単位もどんどん変わるような気がしてしょうがないのです。

熊野――そうですね。家族で固まっていかないと生きていけない時代から、個々で生きていける時代になっていて、家族＝住宅みたいな方程式が崩れ出しています。一人一人が自分の人生と住まいの関係性を突き詰めていくと自ずと答えが出てくるように思います。

大西――これから人々がどんな暮らしをするかというと、第一の人生のための住まいに加えて、それを引き継いだ、第二の人生も過ごせるような住まいを求めていくのではないでしょうか。
それは街全体に拡がるようなものではなくて、数ブロックくらいの範囲、田舎の小さい村くらいの範囲で将来のライフビジョンを考えるようになるかと思います。集団生活の主体は、家族というよりパートナーや個人になっていくのではないでしょうか。
家を一軒買うというイメージよりも、街に住む権利を買って、みんなで街を守るみたいなイメージです。いわゆる街の利用権を手に入れていくのが、これからの暮らし方かもしれません。

――おそらくそうした街では、背景では行動学のプロがちゃんと人々の行動を観察していて、問題が起こりそうになれば、適切なタイミングで調停してくれる。人々をつなぎ合わせてうまくいきそうなことがあれば、つなぎ合わせてくれる。そんなフォローの仕組みが必要な気がします。昔どこのご近所にもいたであろう、「おせっかいな人」の役割なのかもしれませんね。

そこに住む人には、その街に対する信頼感を持ってもらわないといけないし、その街で醸成されていく文化の中に、みんなが共有できる色々な常識を作っていかなければならないと思います。マンションをそのような「街」にするには、単なる管理人ではない、生活コーディネーターを配置する必要がありますね。

コミュニティのデザイン

●――コミュニティから文化をどうやってつくっていくか、それを街のデザインにどう活かしていくか。コミュニティの作り方について深掘りできればと思います。言うまでもなく、相互監視の息苦しいコミュニティや、カルト宗教みたいなものはごめんです。オープンで居心地のいいコミュニティを作る必要があるかと思います。

堀井――緩くつながることが大事ですね。今の人々の価値観に合致した緩いつながりやコミュニティ、自由であるコミュニティをデザインできたらいいなと思うのです。

大西――デザインするというのは大事ですね。デザインされていないと、相反する方向に形成されてしまう危険性があります。

堀井――ある程度リードする人間は必要なんだと思います。普通は、自然発生的にそうした人がコミュニティの中に現れてくることはなかなかありません。それから、コミュニティのチャンネルは、多チャンネルであってほしいですね。

帰属するコミュニティが一つだけで、その中のチャンネルも一つだけで、その一つに全員が従属するというのでは元も子もありません。コミュニティの中に色々なチャンネルをいくつも持っていたいなと思うのです。それが自由に振る舞うということだと思います。個人的には、パラレルに全てのチャンネルに同じくらいにつながっていたいですし、コミュニティの中にそういう、興味に応じた多様なチャンネルがあるといいなと思います。

生活する上で、人間は色々な活動をするわけで、そういうことを緩く共有しながら、色々なコミュニティに自然に参加できるようにするデザインが大事な気がしました。

マンションという集合住宅のコミュニティの縛り方は、従属的ではなく、もっと建設的なものだと思うのです。もちろんオールフリーというのは必ずしもいいことではなくて、皆と一緒に文化を醸成しようと思えば、多少の規則に縛られながらも、行動を共にする必要があるし、その価値はあると思います。どうしても嫌なら、違うコミュニティに入ればいいし、マンションを移ってもいい。先生が言うカルト宗教とは違い、精神面で縛られるわけではないから、いくらでもやり直せるし、やり直しながら自分に一番適した場所を見つけることができる。マンションを渡り歩きながら自分に適した居住地を見つけるというのは、ある種旅行感覚のようなものかもしれません。サブスク的なものであれば、違うところに住んで違う雰囲気を味わって楽しむということも手軽にできそうですね。

✹

――今の話も、俯瞰的《ふかんてき》に色々な視点でお話しいただいたんですけど、いくつかすごく引っかかったところが、「閉じている」ヨーロッパ型の家から、どうやって「開いた」コミュニティを作るかということです。昔の日本映画とかに出てくる、宿場町でみんな二階で腰かけながら道行く人と話をしているという光景があるじゃないですか。あれは何でなくなっちゃったんだろう。「露台《ろだい》」というのでしょうか、バルコニーですね。あれ道を挟んでみんなが話してるような、あれはすごく日本的でいいし、ヨーロッパとかにはそういうのはないんですね。日本にはそういうふうに外部とつながりたいという文化があり、かつての日本家屋はそれを具現化しているわけです。

人の存在を感じながらも、プライバシーは守られているみたいな。もういちど未来において、動的平衡やって新しい田舎を作るのかということなのかなという気がしました。

大西――私もそう思っていて、私の場合は「サークル＝円」なんだけれども、全く同じ時代（場所）に戻るわけじゃないんです。毎回違うサークルを創り出すというイメージでしょうか。私たちが、どれだけかつての田舎や江戸の長屋を作ろうとしても、毎回、同じ体験をして同じ場所に戻ってくるような街にはなりません。街は生きているのです。同じ場所に戻ってきても何か毎回違った体験ができていて、正のスパイラルを構成していくのです。それを指して、「サークル」と呼んでいます。街に住みながら正のスパイラルのサークルをつくりながら、常に自分の居場所に、違う自分になって「回帰」する。そういう街での生き方を大切にしたいと思っています。

未来の住まいの価値

熊野——例えば、自分たちの生活の場所であるコミュニティを、いつも綺麗にしたいという共通の価値観があれば、そういうメンテナンスを、AIでもロボットでもいい、日常的に提供してくれる仕組みがあるといいですね。

堀井——そういうマンションをリリースする時には、最初からコーディネーターみたいな役割の人間が配置されている必要がありますね。

✹——管理人をどうするか、清掃担当者をどうするかは大事ですね。ただ、それに加えて、住人同士がどのように出会うかとか、人と人の出会いも綺麗にデザインができればいいですよね。このマンションはこういうポリシーで住んでもらうところであるということをアピールしながら、ソフト面の価値で住人を集めることができるといいですね。これができれば、住人が皆で一緒に文化活動をやろうというほどまでにいかなくても、自分たちのマンションをこういうふうに守ろうとか、文化をこういうふうに育てましょうという意識が共有されていくと思うのです。それがそのマンションの価値を高めていくと思います。

熊野——多様性というのは大事だと思うのです。人はそれぞれ違いますからね。同じ住人として、互いの価値観の中に、何か一本筋が通っていれば安心感が生まれますよね。

✹――建物の年数とかではないと思いますね。そこに日本文化の要素をちゃんと絡めて、放っておいても何となく皆がそれに従うようなマンションの構造や、ソフト面の作り込みができているといいですよね。

大西――それを実現するには、考え抜かれた1000～2000戸ぐらいの規模のマンションがいいと思います。ある程度の規模がないと、街として成り立ちません。その規模をイメージしながら、生活のベースになるハードやソフトを提案して、入居した人たちがその街を自由に作り上げていくみたいなことがいいと思います。

現在のところ、マンションで亡くなるのは「孤独死」の印象も強いですが、実はそうでもありません。マンションの周りの住人が看取ってくれる、そんなことができると虚しくないじゃないですか。その人が亡くなった後も、また同じ価値観の人が入ってくる。そういう人や部屋を内包した街ができていれば、途中から入ってくる人も同じ価値観を受け入れて入ってくれる。そんな生きたマンション、生きた街が作れると一番いいですよね。

人工超自然の話

大阪・関西万博の「いのちの未来」パビリオンの中で、50年後の未来の住環境として展示したいのは、自然と調和した日本の家屋です。

今のマンションで長く過ごすと、時々公園に行きたくなるんです。暑くてしんどいのにもかかわらず、何で公園に行きたくなるのかというと、その原因はマンションの閉塞感にあります。閉塞感がどこから来るのかというと、私の場合、周りからの刺激がなくて、自分の中にあるものごとばかり見せられてしまうところです。そこで公園に行って川で遊んでみたり、写真を撮ったりすると、全然違う自分が感じられてすごく楽になる。でも家とは本来、そういう場所でないといけないように思います。

未来の集合住宅をデザインするにあたって思うことは、集合住宅そのものが里山みたいな雰囲気にならないものかなということです。里山というのは、公園のように、人間に優しい自然と触れ合える環境で、長く過ごしていても飽きません。人の手が入っている自然であり、日本人の生活や文化は、そういう自然の中で醸成されてきました。

住環境に自然を持ち込むことは非常に重要です。自然の多様さは、人間と関わりなから、人間の多様な人格を引き出すようなところがある。僕はそれを人工超自然と呼んでいます。科学技術を用いることで、最適な自然と人間の関わりを作り出すことができる、人間社会を持続的に発展可能にする人工的な自然や住環境です。

堀井――住む人には見えないバックグラウンドの部分で、ある程度の技術が働いている、というくらいがいいですね。技術が前面にアピールされると、余計なエネルギーを使いながら生活することになりかねません。今どきの時代に合った「自然」が得られたら、それが人工超自然なのではないかなと思います。

大西――人工超自然があることで、住む人がそれぞれ自由に活動できる、豊かな気持ちになるマンションが作れるといいですよね。それこそが本当の住環境をデザインするということなんだろうなと思います。

●――歩けない人もロボット技術の力で歩けるようになり、目の見えない人も、人工網膜等の技術で世界を見ることができるようになります。住環境においても、色々な可能性があると思いますよ。マンションは、その中に住む人が重要で、コミュニティごとに色々なマンションがあっていいと思います。でも、そうしたマンションの中にも多様性というか、自然の中に感じるような、何か柔軟性のあるものを感じられるのがいいですよね。

大西――コミュニティも大事にしながら自然を取り入れる方法として、プライベートな空間と中庭のようなパブリック空間を、ガラス張りの壁で区切るという方法がありそうです。マンションのような外から守られたコミュニティであれば、受け入れられそうに思います。プライベートとパブリックの境界線を外すことによって、パブリックな中庭と、プライベートな専用部の庭とが交互に呼吸しているみたいなイメージです。このような作りがマンション全体でできたらいいと思います。

——マンションの内装は、壊して新しく作り直すという発想から脱却できないかと思います。例えば壁ですが、必要に応じて自由に壁を設置できるのがいい。壁が不要なら壁を取り払って、街の保管庫で保管して、必要になったら保管庫から持ってきて、再び設置するような仕組みです。

壁を自由に設置できるようにすると、そこに住む人間の行動をより変化に富んだものにすることができます。

このような壁は、コンクリートのような頑丈なものではなくて、木のような柔らかい素材を使うのがいいかもしれませんね。建物自体も木のような柔軟で壊れにくい素材で作るのがいい。低層階の建物であれば、十分可能ですよね。

コンクリートの建物や壁は頑丈ですが、木のように柔らかな触感がなく、人間との関わりを拒絶しているように感じます。コンクリートに囲まれた環境に住むから、人間は色々とストレスをため込むように思います。

部屋はただの箱ではなくて、温度調整機や湿度調整機でもない。その中に住む人間のメンタル面にも効果のある屋内環境の制御が必要になると思います。そういう部屋がこれから求められていくと思うのです。そのためには、どんな素材を使うか、そこに住む人間のどんな行動を誘発すればいいのかということを、考えていく必要があります。

堀井――どうも未だに、これまでのマンションの作り方に縛られているところがあります。ただひたすらに、外の世界と遮断された頑丈な箱のような部屋を作ればいいというような、そんな時代は終わっています。コミュニティを大事にしたり、プライベートとパブリックの境界をなくしたり、自然の多様性を取り込んだり、今までの生産合理性とは全く違う基軸で、これからのマンションは作っていかなければなりません。

今まで我々が培ってきた技術やプロトタイプみたいなものを一切合切全て捨てて、これまでとは全く違う、今の価値観やこれから大事になる価値観に合わせた共同住宅を、もう一度再構築したら面白いかなと思っています。

✹――プライバシーを守る核となる部分は当然必要なんですが、プライバシーとパブリックの境界を緩めて、マンションを個の集合として作るのではなく、皆で生活をする空間としてデザインしていく必要があると思います。各部屋はそんなに贅沢でなくても、マンション全体で皆で暮らすための工夫を凝らしていく、マンション作りのパラダイムシフトを目指すべきなのではないでしょうか。

また、機能としてインターネットは外せないですよね。インターネットを使うのは、住環境だけでなく、生活全般の問題だし、生き方の問題なので一緒にデザインしないといけないと思います。リアルもバーチャルも併せて、こういうふうな生活をしましょうと提案することが大事でしょうね。

例えば、インターネットの技術に加えて、アバターの技術も使っていくと、人々の生活は大きく変わります。教育について考えてみましょう。理想的な教育というのは、大勢の生徒が一人の先生に教わるマスプロ教育ではなくて、個人個人に家庭教師を付けることなんです。学生はそれぞれ興味も違えば、学習能力も違いますから、大勢同時に教えている今の学校教育は、理想的な教育方法ではありません。

でも、アバターを使えば、教師がたくさんの学生を同時に個人指導できます。ここで用いるアバターは、AIの機能を持った半自律型のアバターです。簡単な勉強はアバターのAI機能が自律的に教えます。AIのアバターが答えるのが難しい質問が来たら、AIのアバターは、インターネットを介してアバターを操作する教師を呼び出し、アバターを介して教師に指導してもらいます。AIアバターを使えば、一人の教師が多くの学生を個人指導できるのです。未来の住環境や集合住宅をデザインする中で、こうした技術をどう取り込んでいくかも大事です。

大西――「歴史は100年の繰り返し」と思っていて、100年というのは、だいたい3世代になります。それが今、3世代の文化が継承されていかない、断片的に途切れてしまっている気がします。アバターの話を伺っていて思ったのですが、住まいの中に「過去の人がいる」のはどうでしょうか。アバターや、もっと人間っぽいアンドロイドの、おじいちゃん、おばあちゃんが家にいるわけです。

僕らが持っている文化というものを、若い人たちに引き継ぎ、一緒に新しい文化をつくっていくというのが大事ですね。若い人たちが持っている発想力、想像力、創造力は、実際に新しいマンションを作る場にも必要です。

●――面白いですね。人間の行動を誘発するようなことまでデザインできる、そんなマンションのデザイナーがますます必要になってきますよね。

大西――人間の行動を誘発する仕組みとして、外の雑踏の音をある程度ボリュームを落として、家の中に流しておくというようなことも考えられます。家の中と外がつながるような仕組みです。

●――聞こえてくる音から、何が起こっているのかを想像する。そうした想像がコミュニティを作る仲間意識の始まりのように思います。

それに加えて、やっぱり四季を感じさせるような、季節の変化を緩く感じさせるような仕組みが絶対必要だと思いますね。自然の音を許容できるようになると、子供の声くらい全然平気になるはずです。昔の日本の生活はそうだったと思うのです。今の生活をもっと寛容なものに戻せればすごくいいですね。

自然を人間と調和する持続可能な生態系と再定義すれば、それは、人間が科学技術で自然の一部になろうとしていることなんじゃないかと思うのです。これまでのように、建物を建てて壊してではなく、どんどん色んな人に引き継いでいって、なおかつ自然にも周りの環境にも調和していく。人間が自然環境の一部となるような住み方をする方が正しいのだろうなと思います

「住む」というのは、「自然と程よく折り合いをつける」ということであると、日本人は考えてきたはずです。その日本人の原点に戻っていかなければならない気がします。科学技術の力を使って、たとえ都会のマンションであっても、そのような生活ができるようにならないといけないと思います。

第6章

人工超自然

自然を介してつながる家

コミュニティを育み文化を醸成するマンションはどのように作ればいいのだろうか。そのヒントは日本古来の家屋にあると考える。

何度も述べてきたが、人間にとって自然との関わりは欠かせない。自然と完全に隔離された、単にコンクリートで覆われただけの空間では、人は長く過ごすことができないのである。何かに夢中になっていれば、自分がどこにいるかなど関係なくなるだろうが、集中力を持続させることは難しい。

人は自然と関わることで、適度な刺激を受け、精神的にも肉体的にも安らげるのである。またそれが日本において、自然と調和した家屋が作られてきた理由だろう。

未来の住まい、未来のマンションにおいても、自然を取り入れるべきである。

ただ、かつての日本家屋とは異なり、人がより快適に過ごすための様々な技術を用いることができる。人が快適に過ごしながらも、十分に自然を感じる、そんな未来の住まいを作ることができるはずである。

またそうした自然は、人と人をつなぐ役割を果たす。自然は共感したり、刺激を受けたりする相手である。それ故に、同じ自然を複数の住人で共有すれば、そこに住人同士のつながりが生まれる。

かつての日本の田舎街のように、自然を介して人々がつながり、自然を守りながら、文化をつくり上げていく、そうしたことができるはずである。

庭の重要性

住居における自然として、庭がある。たとえ狭いマンションであっても、自然を感じられる庭を作るべきである。自然と隔絶された住環境は、人間によい影響を与えない。

元来日本の家屋はそれほど広いものではなかった。しかし狭いながらも庭を作り、自然を生活の中に取り込んでいた。自然と対話しながら生活することで、季節を感じ、環境という生き物、家という生き物と共存してきた。それが日本の重要な文化でもある。

マンションに庭を作るのは、その分コストもかかり、屋内も狭くなる。それでも、人間が生きる意味、人間にとっての自然の重要性を考えれば、作る価値がある。

自然を感じさせる音や照明

そうした住居において、技術によって自然の本質的な部分をより強調することができれば、古来の日本の住居を超え、さらに人間を進化発展させる住居になる。

その技術として考えられるのは、照明や音である。

現在の住居の照明は、単に部屋の中を明るくするために作られている。高級ホテルでは、間接照明などが効果的に使われ、独特の雰囲気を作り出しているが、それも、雰囲気を作り出す目的で使われているに過ぎず、それ以上の役割がない。部屋の照明がヨーロッパ風であれば、ヨーロッパのホテルに泊まっているようで、旅行気分になることができ、気分転換にもなるが、それ以上の効果がない。

照明はもっと有効に使えるはずである。

照明は部屋が住人に働きかける手段になる。例えば、人が部屋に近づけば、先に部屋の照明が灯る。そんなことができれば、住人はまるで家に導かれるように、部屋に入っていける。玄関で人を出迎えるのも照明でできる。家の玄関に近づくにつれて、照明が明るくなると、まるで家が出迎えてくれているように感じる。

自然の要素を照明で表現することもできる。自然の要素として重要なのは「ゆらぎ」である。特に生体が持つ生体ゆらぎは、自然の中にも多く存在する。

そのようなゆらぎを照明で表現すると、自然の中にいるような感覚を作り出せる可能性がある。私はそのような研究に5年近く取り組んできている。

昔の日本の家では、家に共有される電気の電圧が安定しないことも時々あり、電球の明るさがゆらぐこともあった。そうしたゆらぎは何か家が生きているような感じを醸し出すものだった。

現代の技術を用いれば、そうしたゆらぎはより自然に近い形で再現でき、部屋の中にいても、自然を感じさせるような演出ができるはずである。

照明を使うのは部屋の中だけに限らない。庭にも使える。庭で生命のようにゆらぐ照明を使うことで、動物の気配や、さらにはもののけ的な存在の気配も感じさせることができ、小さな庭でも、十分な自然を表現できる可能性がある。

住居の照明は今後、単に部屋を明るくするものから、自然を表現し、住居に生命感を与えるものになる。

音も同様である。

音も照明同様に、住環境には重要な要素である。単に音がしない静寂な空間が人間にとって心地いいわけではない。

かつては日本中のどこでも、秋になれば、夜に鈴虫の声などが聞こえたものである。そうした音色は人の心を落ち着かせ、自然との一体感を演出し、幸福感さえも感じさせる。

我々日本人はそうした自然の音と共に過ごしてきた。音からも時間や季節を感じ、音を身にまとうことで、環境と一体感を感じることができたのである。

むろん、そのような音は照明と連動していなければならない。照明と連動させることで、家の生命感をさらに際立たせ、庭の自然をより豊かなものにすることができる。

人の存在を感じられるような家

そして重要なのが、人の存在を感じることができる家の構造である。家の中の部屋同士でも、また家の中と外でも、人の存在を感じるが故に、人は一緒に住んでいる、一緒に街を作っているという感覚を持てるようになる。

そのような家の構造として、日本家屋で用いられているのが、障子である。先に述べたように、障子は、完全に二つの部屋を遮るのではなく、また全てを透けて見せるのではない。人や庭の草木などの存在を障子に映る影だけで伝える。それによって、障子のそれぞれの側からは、ポジティブな想像を働かせながら相手の存在を感じることができる。

障子は人と人をつなぐ程よい構造になっている。この障子を技術によって再現すれば、プライバシーを守りながらも人をつなぐことができる新しい、住居の構成要素となる。

家と家を緩やかにつなぎ、街の中で人の存在を互いに感じさせる住居の構造は、これも先に述べたように、垣根である。垣根も新たな技術を導入して、家ごとのプライバシーを守りつつ、人をつなぎコミュニティが育つような、新たな住居の構成要素に進化させられるはずである。

人の行動を誘発するデザイン

部屋を区切る構造に加えて重要なのは、室内の構造である。自然の中にいるような心地よい部屋を作る方法の一つとして、「アフォーダンス」がある。アフォーダンスとは、ジェームス・ギブソン（アメリカの心理学者・1904〜1979）が提唱した、人間の行動に関する理論である。意図的な行動以外に、環境の構造が人間の行動を誘発することがある。その環境構造による人間の行動誘発を「アフォーダンス」と呼ぶ。例えば、ドアのノブを見ると、自然とそれを握りたくなるが、まさにそれがアフォーダンスである。

このアフォーダンスを用いて、部屋のあちこちに人間の行動を誘発する構造を仕込んでおけば、人間はその環境の中で、非常に心地よく振る舞うことができる。直感的に、うまく行動できる瞬間が多々訪れるようになるのである。

むろん、アフォーダンスだけで人間の行動の全てを誘導できるわけではないが、効果的に使えば、居心地のいい部屋が作れるはずである。

人の行動がギクシャクすることのない部屋の構造、複数の人が自然に対話できるように、行動が自然と誘発されるような部屋の構造、そういった構造を作ることができれば、今までにない、人と融和した部屋、人と人をつなぐ部屋を実現することができる。

また、そのようなアフォーダンスは先に述べた照明や音でも引き起こされる。

これからの住居において重要なのは、単に箱を作るのではなく、人と住居が融和するような作り込みをすることである。

日本文化を取り戻した家

また部屋は、住む人間の成長や変化に応じて、容易に構造を作り変えられるものでなければならない。今のマンションや一軒家の部屋は取り外しができない壁で区切られている。それ故、時に壁によって狭く区切られた構造に、不自由さを感じることがある。

一方、障子を用いた日本の古来の家屋では、簡単に部屋の区切りを変更することができた。障子で細かく区切ることもできれば、障子を手軽に取り外して、一つの大きな部屋として使うこともできた。

必要となる部屋の大きさは、家に住む人の数や、家での活動の内容によって異なってくる。どのような住人の活動にも適応しながら、人を迎え入れることができる住居には、もっと柔軟な壁の構造が必要である。

必要に応じて取りつけたり取り外したり、または、曲げたり畳んだりすることができる、そんな壁があることが望ましい。そのような壁があれば、より自由に生活を楽しむことができる。

これも、技術を用いれば、色々な方法で実現することができる。

これから我々が作るべきマンションの部屋とマンションそのものは、かつての日本家屋に多くを学びながら、自然と調和し、人と人を結びつけるものにしていかなければならない。

そのようなマンションを作ることで、日本が世界に誇れる文化を再び醸成しなおし、日本文化をさらに発展させながら、豊かに暮らしていくことができるはずである。そうしたマンションを是非とも実現させたい。

エピローグ（あとがき）

本書では、石黒と長谷工の未来を支える、熊野、堀井、大西の３人で、未来の集合住宅やそこにおける暮らしの在り方を議論した。４人とも概ね同じ年代層であることもあって、考え方にはそれほどの違いはない一方で、４人が４人とも異なる専門性を持っていたことから、非常に楽しく議論を重ねることができた。私（石黒）自身、議論はもっと発散して、取りまとめるのが難しいかとも思っていたのであるが、４人の根底にある問題意識は概ね共通していた。そして、その問題意識のもとに、それぞれの立場で未来の集合住宅はどうあるべきかを、非常に建設的に議論できた。

最初に、様々な技術を取り込んで、どんどんと進化していく集合住宅の未来について議論した。ただそこで重要なことは技術で単に快適な集合住宅を実現することではない。

我々４人に共通していたのは、集合住宅に住む者が独自の文化を築き上げ、真に生活を豊かにするという考えであった。その文化はどのように醸成されていくべきか、それぞれの専門性を背景に議論した。

人間は何を目的に生きているのか、社会において何を成し遂げたいのか。その答えは文化の醸成だと思う。周りの者と一緒に、独自の深い文化を醸成していく。それが、社会の価値であり、集合住宅の真の魅力になる。

さらには、未来において変化していく家族の在り方についても議論した。住環境が進化すれば、家族の在り方も進化する。住む者それぞれの価値観や幸福感をより尊重する、そんな家族の在り方があるはずである。

そのために重要なのは、集合住宅において、家族の垣根を越えたコミュニケーションを生み出すことだと考える。色々な人たちとつながりながら、個人も家族も社会も大事にする。そんな新しい家族の在り方、社会の在り方が実現できれば、我々の生活は未来においてより豊かになる。

そんな新たな家族の在り方、社会の在り方を実現するのに重要なポイントとなるのが、自然との共生である。自然を生活空間に取り入れることにより、自然を介して様々なコミュニケーションを生み出すことができる。

日本では人々は古来より自然と共生して、非常に豊かな生活と文化を醸成してきた。未来においては、最先端の技術を用いることにより、集合住宅においても、豊かな自然を取り込むことができる。そうなると、そのような自然を介して、人々のつながりはより多様で豊かなものになると期待される。

そうした集合住宅は具体的にどのようなデザインを持つのだろうか。その具体的なイメージを4人それぞれの視点で示したのが、第3章である。読者の皆さんはどのデザインを選ばれるであろうか。

読者の皆さんには、この本を通して、自分が住みたい未来の集合住宅のイメージを、具体的に想像してもらえればと思う。そうすることによって、読者の皆さんと一緒に集合住宅を進化発展させ、より豊かに生活できる未来社会を実現することができるのである。

謝辞

本書では、未来において実現すべき集合住宅や社会について述べてきた。本書で紹介した研究や活動は、多くの関係者の協力なしには、一切実現できるものではなかった。関係者全員に深く感謝します。

特に、本書の編集に関して、全般を管理いただいた、大阪・関西万博テーマ事業石黒浩プロデュース「いのちの未来」の小林大介氏（株式会社パルコ）、議事の記録と要約に携わっていただいたＣＧ－ＡＲＴＳの脇本厚司氏に感謝します。

〔著者略歴〕

石黒　浩（いしぐろ　ひろし）
1991年、大阪大学基礎工学研究科博士課程修了。工学博士。2009年より大阪大学大学院基礎工学研究科システム創成専攻教授。ATR石黒浩特別研究所客員所長（ATRフェロー）。2017年から大阪大学栄誉教授。研究対象は、人とかかわるロボットやアンドロイドサイエンス。多数の論文を主要な科学雑誌や国際会議で発表。また、ロボビー、リプリー、ジェミノイド、テレノイド、エルフォイドといった、人とかかわるヒューマノイドやアンドロイドを開発。これらのロボットは、ディスカバリーチャンネルやNHK、BBCほか、世界中の多数のメディアで取り上げら

れている。２００９年には、メディアアートの世界的なイベントの一つであるアルス・エレクトロニカ・フェスティバルのフィーチャードアーティストとして招待された。11年、大阪文化賞受賞。15年、文部科学大臣表彰受賞およびシェイク・ムハンマド・ビン・ラーシド・アール・マクトゥーム知識賞受賞。20年、立石賞受賞。

《長谷工未来の住まいミーティング》

熊野　聡（くまの　さとし）

1985年　　神戸大学経済学部 卒業

1985年4月　長谷川工務店（現 長谷工コーポレーション）入社

2013年4月　執行役員 営業部門担当

2016年4月　執行役員 経営管理部門担当

2023年4月　取締役専務執行役員 営業管掌

2024年4月　代表取締役専務執行役員 営業管掌

2025年4月　代表取締役社長

◎営業、管理部門のほか住宅の分譲・管理などのサービス関連事業等幅広い経験も持つ。

堀井　規男（ほりい　のりお）

1990年　　武蔵工業大学（現 東京都市大学）工学部建築学科 卒業
1990年4月　長谷工コーポレーション入社
1993年4月　エンジニアリング事業部に異動
2023年4月　執行役員 設計部門 エンジニアリング事業部長に就任
2025年4月　常務執行役員　設計部門　エンジニアリング事業部長
◎主に意匠設計に従事する傍ら、ＢＩＭ導入の責任者として「長谷工版ＢＩＭ」の構築に携わる。

大西　広望（おおにし　ひろみ）

1988年　近畿大学理工学部建築学科卒業

1988年4月　長谷川工務店（現 長谷工コーポレーション）入社

2017年4月　建設部門 積算部・コスト戦略部　統括部長就任

2022年4月　建設部門 第二施工統括部統括部長就任

2025年4月　長谷工リフォーム　常務執行役員

◎2025年大阪・関西万博で石黒浩プロデューサーが手掛ける「いのちの未来」館の施工にあたり、工事責任者として担当する。

右から熊野聡、石黒浩、堀井規男、大西広望の各氏。（長谷工コーポレーション本社にて撮影）

協力
株式会社長谷工コーポレーション
株式会社パルコ
CG-ARTS

写真・図版：
photo library
amana images
毎日新聞社
高橋勝視
Adobe stock
iStock

アンドロイドはマンションの夢《ゆめ》を見《み》るか？

印刷　2025年4月5日
発行　2025年4月15日

著者　石黒《いしぐろ》　浩《ひろし》
長《は》谷《せ》工《こう》未来《みらい》の住《す》まいプロジェクト
熊野《くまの》　聡《さとし》、堀井規男《ほりいのりお》、大西広望《おおにしひろみ》

発行人　山本修司

発行所　毎日新聞出版
〒一〇二-〇〇七四
東京都千代田区九段南一-六-一七　千代田会館五階
営業本部　〇三-六二六五-六九四一
図書編集部　〇三-六二六五-六七四五

印刷
製本　精文堂印刷

ISBN978-4-620-32834-8